혼자하는
영어공부

혼자 하는 영어 공부

초 판 1쇄   2019년 02월 19일

지은이 강인철
펴낸이 류종렬

펴낸곳 미다스북스
총 괄 명상완
에디터 이다경

등록 2001년 3월 21일 제2001-000040호
주소 서울시 마포구 양화로 133 서교타워 711호
전화 02) 322-7802~3
팩스 02) 6007-1845
블로그 http://blog.naver.com/midasbooks
전자주소 midasbooks@hanmail.net
페이스북 https://www.facebook.com/midasbooks425

© 강인철, 미다스북스 2019, *Printed in Korea*.

ISBN 978-89-6637-642-1 03190

값 15,000원

미다스북스는 다음세대에게 필요한 지혜와 교양을 생각합니다.

혼자하는 영어공부

강인철 지음

"영어 공부도 혼자 해야 진짜다!"

미다스북스

영어 공부는 혼자 하는 것이다!

독서, 운동 그리고 영어

우리나라 사람들의 단골 새해목표들이다. 왜일까. 현실에 대한 불만족을 조절하고 개선하길 원해서가 아닐까. 같은 결과가 반복되고 있으니 스스로 새롭게 되길 원했을 것이다. 떠오르는 태양을 보면서 변화되고 싶었으리라. 독서, 운동, 영어는 어떤 이점이 있을까.

독서를 하면 얻는 게 있다. 저자의 경험과 생각을 통해 이성적인 사고력과 분별해내는 힘, 지혜로운 선택과 판단, 시대의 흐름을 읽고서 시대를 앞서가는 통찰력까지. 저자의 일생을 간접적으로 체험하는 것이다.

일상에서 대화할 때 혹은 건물이나 물건을 구입할 때 언젠가 책에서 얻은 지식과 정보를 이용한다. 그 효용성과 가치를 시간과 금액을 아끼면서 더 크게 경험하게 된다. 그렇게 책을 한 권, 한 권을 읽어가면서 나의 내공을 쌓는다.

운동은 그 글자 자체로 충분히 건강하다. 매일의 목표치를 해내는 데서 성취감과 자신감을 얻는다. 목표치에 도달하지 못한다면 다시 한 번 의지를 불태운다. 다시금 목표치를 달성하면서 도전정신과 불굴의지를 다진다. 한눈에 봐도 좋아지고 있는 몸에서 생활의 가뿐함과 활기찬 에너지를 얻고 발산한다. 운동을 통해 삶과 생활이 나아졌으니, 자연히 더 나은 발전을 모색하게 된다.

영어는 내 생각을 표현하는 방법이다. 한국인이 영어를 구사하면 내 생각을 표현하는 방법은 두 가지가 된다. 이 두 가지의 표현법은 서로를 보완해주고 강화시켜준다. 글자의 뜻을 알면 더욱 입체적으로 알 수 있기 때문이다. '사랑이 제일 중요하다'는 문장보다는 '잠자는 숲 속의 미녀' 혹은 '미녀와 야수'이야기를 들려주는 게 훨씬 와 닿으리라. 그러면 '연예'를 예로 보자.

'연예' 하면 무엇이 떠오르는가. 남녀가 사랑을 나누는 연애와 구분되는 것은 확실하다. 그러면 왜 연예기획사를 엔터테인먼트라고 할까. 영어단어 'Entertainment'를 쪼개어 보자. 'enter-'는 '~중에, 함께'라는 뜻이고, '-tain'은 '붙잡다, 담다'라는 뜻이 있다. '-ment'가 단어 끝에 오면 명사를 나타낸다. 글자를 나누고 보니 중세시대를 연출한 영화가 자연스레 생각난다. 왕이나 귀족, 귀빈을 있는 식사자리에는 악기연주나 곡예, 춤이나 노래가 함께 있다. 한국 사극 영화에서도 자주 볼 수 있는 광경이다.

영어 'Entertain'은 '즐겁게 하다, 환대하다, 대접하다'라는 뜻이다. '잔치에 있는 사람들의 시선을 붙잡는 것'에서 뜻이 유래된다고 생각하니 고개가 끄덕여진다. 요즘 연예인들은 전 세계 사람들의 시선을 사로잡지 않는가. '연예'의 한자 뜻도 살펴보니 '기술이나 기예를 펼친 것'으로 볼 수 있다.

그리고 보면 한국인이 영어를 안다는 것은 두 가지 그 이상이다. 우리말만 보더라도 상당부분이 한자다. 한자의 뜻을 알면 그 의미를 더욱 깊이 알게 되는 것이다. 영어단어를 찾아보면서 영어사전은 물론 한글사전과 옥편까지 찾아보게 된다. 한글의 의미를 더욱 입체적으로, 깊게 알게 된다. 영어도 한글처럼 단어 자체에 숨어있는 언어가 있다.

영어는 독일어와 라틴어에서 왔다. 그래서 영어철자와 비슷한 독일어 단어는 영어단어와 뜻을 같이 하는 경우가 많다. 많은 유럽인들이 독일어를 쓰는 것을 보면, 영어 하나 잘 익히는 것은 열 가지 언어가 부럽지 않다.

모르는 영어단어 하나를 찾아보면서 어두웠던 지도의 영역이 환해지는 느낌이 드는 것이다. 단어가 모이면 문장이 된다. 그렇게 나만의 언어 영토가 확장되는 것이다.

독서와 운동, 영어는 변화를 이끄는 힘이 있다. 바로 거기에 공통점이 있다. 이 변화의 힘은 꾸준한 습관에서 탄생된다는 것이다. 습관은 지속성에서 비롯된다. 그러면 영어가 되게 하는 핵심은 무엇일까.

영어를 공부하다 보면 저절로 익혀지는 부분이 있는가 하면 애를 써도 되지 않는 부분이 있다. 전자라면 많이 접했기 때문이고, 후자라면 이해되지 않은 부분이 있었을 것이다. 학습이 진행되고 있기 때문에 겪는 현상이다. 하지만 잊지 말자. 영어가 되게 하는 지속성의 핵심은 영어에 푹 젖어 있겠다고 결심하는 게 먼저다. 결심을 한다는 것은 하나의 목적을 위해 도움이 되지 않는 가지들을 쳐내겠다는 다짐을 동반한다. 결심과 다짐은 누가 해줄 수 없다. 거기에서 다져진 실력은 자연스레 혼자의 것이 되는 것이다.

인생은 한방이라는 이야기를 들어봤을 것이다. 한 순간에 생긴 변화는 두 가지 관점으로 볼 수 있다. 간과했거나 지나쳤던 행동들이 쌓인 결과이든지, 매일의 의도한 반복이 이루어낸 결과이든지. 영어를 공부하는 것은 후자에 가깝다. 영어를 나의 일상으로 초대하려면 자주 만나야 할 것이다. 어떻게? 재미있게 즐기면서, 효과적으로 익히면서.

한국인들의 열망, 영어를 공부해본 적이 있고, 영어 공부를 하고 있는 사람이면 누구나 공감할 만한 이야기를 『혼자 하는 영어 공부』에 담아 놓았다. 이 책을 읽고 있다는 것은 영어에 대한 관심과, 영어를 잘하고 싶은 마음과, 영어를 향한 갈망이 있기 때문일 것이다.

내가 과거 학생이었을 때 영어를 배우면서, 현재 영어를 배울 수밖에 없는 환경에 처한 학생들과 함께 하면서 내가 보고 느낀 것을 현재진행형으로 생생하게 담았다. 영어를 배웠거나, 배우려는 사람들이라면 공감하기에 충분할 것이다. 책이 제시하고 있는 방법을 일상에 녹여보자. 시작하기도 접근하기도 쉬울 것이다. 책의 흐름을 따라가면서 내 것으로 만들어보자. 자, 함께 떠나자.

• 강쌤의 실행 영어

1

잘못된 영어 공부법은 던져버려라

"What you can do,
or dream you can, begin it."

– 요한 볼프강 괴테

영어공부,
정확하지 않으면 안 된다

오늘도 많은 학부모님이 자녀들을 위해 영어학원을 찾는다. 우리나라의 영어 교육열은 이미 유명하다. 많은 사람들이 매체를 통해 알고 있고, 특히 나는 학원에 오시는 분들을 통해 체감한다.

"영어 어떻게 공부해야 하나요?"

"우리 아이는 스토리 북(영어책 독서)으로 2년 정도 했어요."

"주로 원어민하고 수업을 했어요."

"영어를 하나도 몰라요."

학원에 등록하기 위해 방문하신 학부모님들의 걱정이 느껴진다. '그동안 이렇게까지 영어를 해왔는데 혹시나 방법이 잘못되었으면 어쩌지?', '이제 영어를 처음 하는데 질리면 어떡하지?'

이 모든 걱정은 내 귀에 하나의 메시지로 관통한다.

"우리 아이 영어공부 잘 시키고 싶어요."

원서로 영어공부를 한다

많은 아이들이 원서로 영어공부를 하고 있다. 우리 학원에서도 '원서 반'이 가장 높은 레벨이다. 책의 이야기는 기억에 남기 쉽다. 스토리텔링 (Story-telling)이라고도 하지 않는가. "근면이 중요해."라고 말하는 것보다 '개미와 베짱이'의 이야기를 들려주는 것이 기억하기 쉬운 것이다.

영어원서를 읽는, 제일 중요한 목적이 있다. 이야기에서 얻는 교훈을 받아들이고 삶에 적용시키기 위함이다. 거기서 얻는 영어단어와 문장은 보너스다. 기억하기도 쉽다. 이야기의 흐름에서 단어는 훨씬 쉽게 익힐 수 있는 것이다. 그야말로 '누이 좋고 매부 좋은' 것이다.

단 고려해야 할 게 있다. 읽는 사람이 읽을 수 있느냐다. 첫 페이지를 폈는데 모르는 단어로 밑줄이 가득하면 안 되기 때문이다. 정작 책에서 알려주려는 내용은 고사하고 한 페이지 읽다가 그만 읽으면 소용없는 일이다. 대학교 전문 서적이 한글로 쓰였다는 이유로 한국인 모두가 쉽게 읽는 게 아닌 것처럼 말이다. 영어책 500권 이상 돌파한 사람이 모르는 것은 밑줄 치고 지나가라고 말한다. 이 말은 방법에 초점을 맞추라는 것이지, 이해하지 못하는 상황을 덮으라는 뜻으로 이해하진 말자.

원어민과 영어공부를 한다

미국인 선생님과 영어로 대화하는 것은 이상적인 그림이다. 옆에서 대화하는 것을 바라보면 신기하기만 하다. 한국인이 미국인과 대화하고 있다니.

나는 원어민과의 대화에 찬성하는 쪽이다. 언어의 주기능이 '생각을 전달하는 것'이라는 측면에서 그렇다. 우리는 의사소통을 위해 말을 해야 하기 때문이다. 그렇다면 생각해보자. 원어민과 함께 공부한다는 것은 영어를 잘하고자 하는 기대치가 있기 때문이 아닐까. 영어가 잘될 거란 기대 말이다.

영어를 잘하기 위해서는 단어습득이 우선이다. 정확한 발음으로 일정 수준 이상을 습득해야 내 생각을 영어로 전달할 수가 있기 때문이다.

영어의 발음은 나라마다 다르다. 우리나라 교육에서는 영어 발음의 기준을 미국에 둔다. 시중에 있는 단어장만 보더라도 알 수 있다. 미국영어는 영국과 비교하면 발음과 억양이 다르다. 단어의 끝부분, 어미의 형태가 다른 것도 있다. 호주와 뉴질랜드의 영어에는 말끝에 특정 리듬이 묻어 있다. 즉 나라마다 영어를 구사하는 스타일이 다른 것이다. 언어는 문화뿐만 아니라 지역색도 드러나기 때문이다.

작은 땅 우리나라에서도 지방마다 말투가 다른데, 하물며 우리보다 더 큰 나라는 어떠하겠는가. 그러니 내가 대화하고 있는 원어민이 사투리를 쓰고 있는지, 아닌지를 정확히 알 수 없는 노릇이다.

우리는 어떤 언어로 생각하는가

우리나라 사람 대부분은 우리말로 생각한다. 외국인들은 외국어로 생각할 것이다. 그러면 한국인이 외국에서 산다면 어떤 언어로 생각할까.

초등학교 5학년 때 막내고모네 가족이 일본으로 이민을 갔다. 1년에 꼭 한 번씩 한국에 방문했는데, 한 번은 내가 사촌동생에게 이렇게 물었다.

"생각은 한글로 해? 아니면 일본어로 해?"

당연히 한글로 하리라는 생각에 물어본 것이었다. 사촌동생이 답했다.

"반반."

때로는 우리말로, 때로는 일본어로 생각한다는 말이다. 그때 나는 '의심 반, 부러움 반'이었다. 내가 경험하지 못한 세계를 믿지 못했기 때문이다. 동시에 나와 똑같은 한국 사람이 다른 언어로 생각한다는 사실이 부러웠다.

영어를 가르치는 지금 사촌동생의 말을 실감한다. 생각은 곧 말이다. 생각을 입으로 표현하는지, 손으로 쓰는지에 따라 달라질 뿐이다.

단어를 정확히 익히는 것은 의사소통의 기본이다. 자세히 말하자면 영어단어에 대한 정확한 우리말과 소리를 아는 것이 중요하다. 단어를 많이 알수록 생각을 풍부하게 표현해낼 수 있기 때문이다. 발음 훈련법이나 노하우를 담은 4장부터 읽어도 좋다.

나의 내면의 세상이 외부의 환경을 만든다

내가 무엇을 상상하는지에 따라 보고 경험하는 게 달라진다고 한다. 현실을 인정하고 받아들였을 때 비로소 해결책을 찾게 된다는 이야기다.

언어의 특성상 외부환경은 중요하다. 외국에서 살면 외국어를 잘하게 되어 있다. 외국어로 말하지 않고서는 생활의 불편함을 이겨낼 수 없으므로, 외국에서 일정시간이 살게 되면 곧잘 그 언어를 구사하게 되는 것이다. 하지만 영어를 잘하기 위해서 당장 미국에 갈 수 없는 노릇이다.

영어로 듣고 말하는 환경이 아니다 보니 우리 스스로 환경을 만드는 게 중요하다. 영어의 표현을 나의 입과 귀, 눈과 손을 사용하여 반복하는 게 중요하다는 것이다. 그 반복이 지속적으로 이어질 때 스스로 해낼 수 있는 역량이 커지고 구사할 수 있는 영어표현이 점점 많아진다. 그렇게 영어가 잘되는 환경을 구축해간다. 그 핵심은 조금씩이라도 '매일' 훈련하는 데 있다. 거기에 효과적인 방법까지 알게 되면 영어완성에 도달하는 시간을 많이 줄일 수 있을 것이다.

02 잘못된 영어 공부법은 던져버려라

철자 따로 소리 따로

'엔 에이 티 아이 오 엔, 국가.'

한국인이라면 위와 같이 영어단어를 외워본 적이 있을 것이다. 철자를 알파벳으로 읽는 게 편하기 때문이다. 여러 단어를 외우면서 어느새 반복하내고 요령이 생긴다. 그러면 다음과 같은 공식이 자리 잡기 쉽다. 'ch'는 'ㅊ', 'c'는 'ㅋ', 'h'는 'ㅎ', 'd'는 'ㄷ'….

당장 생각나는 학교, 'School'의 'ch'는 어떻게 발음할까. 'Handsome'의 'd', 'Honest'의 'h', 'Wednesday'의 'd'와 두 번째 'e'와 같이 소리 나지 않는 철자들도 있다. 철자를 기준으로 소리를 내면 이해되지 않는 부분이 생긴다. 우리말과 달리 영어의 철자는 여러 가지 소리를 가질 수 있기 때문이다. 영어단어는 발음기호가 정확한 소리의 기준이다.

단어를 알파벳으로 익히면 배우는 데 시간이 많이 든다. 어지간한 독종이 아니고서는 단어를 많이 익힐 수 없다. 그렇게 익힌 영어단어를 말로 표현할 수 있을까.

왜 발음기호를 봐야 하는가

나는 '강쌤'이라고 할 때 마음속으로 '기역, 아, 이응, 쌍시옷, 애, 미음'이라고 소리 내면서 쓰지 않는다. 그냥 '강쌤'이라고 소리 내면서 쓴다. 말의 뿌리는 같기 때문이다. 즉 생각은 글자로 하는 것이 아니다. 생각을 주고받는 방법이 있을 뿐이다.

정확히 읽으면 정확히 전달할 수 있다. 정확하게 읽으면 정확히 들을 수 있다. 정확히 쓴다는 것은 정확히 말한다는 것이고, 정확한 읽기는 그 자체로 정확한 법이다. 발음기호는 표준어다. 발음기호를 정확히 읽어내는 것, 혼자서 정확히 할 수 있는 방법이다.

발음기호를 익힌다는 것은 마치 공식과 같다. 즉 '+'가 덧셈을, '-'가 뺄셈을 나타내는 것과 같은것이다. 그래서 '아버지'를 '아버지'라 하고 'ㄱ'을 'ㄱ'이라 하는 우리나라 사람에게 딱이다. 한글의 'ㄱ'을 '기역'으로 소리 내듯이 영어의 발음기호를 공식으로 받아들이면 영어가 좀 더 재미있어질 것이다. 이 공식을 알면 한국인의 영어공부는 정말 쉬워진다.

모래 위에 성을 쌓을 수 없다

우리 영어학원의 대상은 초중등생이다. 영어경력 7~8년차부터 초보자까지 다양한 레벨의 학생들이 있다. 그러나 그런 경력과 상관없이 우리 학원에서 출발은 똑같다.

우리 학원에 처음 온 학생들을 대상으로 간단한 시험을 본다. 10분이면 끝난다.

언어에는 '의사소통'의 목적이 있다. 한 영역만으로 확인할 수 없다. 지금부터 시험으로 보는 사항들을 순차적으로 확인하는 나만의 상담노하우를 과감히 공개하겠다. 여기서 혼자서 공부할 수 있는 팁도 얻어가자.

1. 받아쓰기

한두 문장이면 충분하다. 영어 실력을 빠르게 확인할 수 있다. 잘 듣지 못하면 잘 쓸 수 없기 때문에 '듣기' 능력을 확인하는 빠른 방법이다. 더불어 받아 쓴 글씨를 보고 몇 가지를 확인한다.

- 글씨체를 보며 손에 힘이 적절히 들어가는지
- 알파벳 4선 노트의 층수에 맞추어 쓰는지
- 단어와 단어의 간격, 글자의 간격이 일정한지
- 문장을 대문자로 시작하여 마침표로 끝내는지

- 무엇보다 단어를 정확히 알고 있는지

  □ 문장을 듣고 써보자. 얼마나 쓸 수 있는지에 따라 듣기 훈련 레벨을 결정할 수 있다. 문장의 70%를 쓸 수 있다면 훈련 레벨로 적합하다. 너무 쉽거나, 너무 어려우면 지속하기 어렵기 때문이다.

2. 소리 내어 읽기

학생이 알고 있는 단어의 악센트와 문장의 어조를 살필 수 있다. 입에서 얼마나 영어가 익숙한지를 보는 것이다. 단어의 정확한 발음을 알고 있는 것이다. 아울러 처음 만난 자리에서 얼마나 크게 읽을 수 있느냐는 학생의 적극성을 나타내기도 한다.

  □ 의식적으로 큰 소리로 읽어보자. 외국인에게 말할 때는 소리가 작아지기 쉽다. 책이나 신문, 잡지를 읽을 때 최대한 원어민같이, 큰 소리로 읽어보자. 입이 기억할 수 있게 하는 것이다.

3. 해석하기

영어문장을 보고 한글로 해석하는 것을 확인한다. 단어를 얼마나 알고 있는지 여부와 우리말의 표현방법을 알 수 있다. 사실 내가 눈여겨보는 것은 따로 있다.

"알고는 있는데 까먹었어요."

"아는데 기억이 안나요."

모르는 것을 모른다고 하는지를 보는 것이다. 알면 기억하게 되어 있기 때문이다. 대부분의 학생은 쉽게 보이는 짧은 단어(주로 전치사)는 그냥 지나간다. 해석이 제대로 되지 않는데도 쉽게 모른다고 말하지 못한다. 사실 부모와 함께 왔는데 선뜻 모른다고 말하기는 어려운 법이다.

'모른다는 것을 스스로 아는 것이 진정한 앎'이라 하지 않는가. 글로 쓰거나 말로 표현하지 못하는 것은 모른다고 해야 한다. 그래야 스스로 공부하려고 할 것이다.

☐ 영어문장을 소리 내어 한글로 읽어보자. 눈에 많이 익숙하다고 해서, 두세 글자의 짧은 단어라고 해서 지나가버리면 안 된다. 뜻을 정확히 짚어야 한다. 느낌상으로 이해하는 영어단어도 한글로 확인해보자. 그 과정에서 그 단어가 머리와 가슴에 새겨질 것이다.

4. 단어 읽기

정확히 읽을 수 있는지를 확인한다. 정확히 읽는 기준은 발음기호다. 정확히 읽지 못하면 단어를 익히기가 어렵다. 정확히 읽어야 정확히 말할 수 있고, 정확하게 말하는 것은 정확하게 쓰는 것이기도 하다. 표현

방법이 입이냐, 펜이냐의 차이일 뿐, 모두 내 생각인 것이다. 영어사전에 등재되어 있는 발음기호는 통일된 표준 소리다.

☐ 영어의 발음기호를 보고 정확히 발음하자. 앞서 말했듯이 4장에 있는 발음기호 읽는 법을 참고하라.

내 생각을 영어로 말하고, 그날 있었던 일은 영어로 일기 쓰는 것. 우리말의 생각을 영어로 자연스럽게 표현해내는 것이 목표가 되어야 한다. 언어의 뿌리는 생각에서 비롯되고 생각은 소리를 통해 표현된다는 사실을 기억하자.

우리 학원 학생들뿐만 아니라 우리나라 사람 대부분이 자신의 생각을 영어로 표현하길 원한다. 그들은 영어라는 도구를 통해 높은 곳에서 넓게 보길 원한다. 영어가 먹구름과 같다면 걷어내자. 그 구름 위를 걸어보는 것이다.

03 영어를 어떻게 하면 잘할 수 있을까

"너 정말 지긋지긋하다."

나와 가까운 사람이 나에게 이런 말을 했다고 가정해보자. 순간 나는 두뇌 일시정지 상태가 되었을 것이다. 감정의 혈류가 아래에서 위로 흐르는 것처럼 말이다. 혈액순환이 되면 다행이지만 평온한 마음으로 되기까지 시간이 필요할 것이다. 아무리 노력해봐도 방긋방긋 웃을 수는 없을 것이다. 다행히 해결책이 있다. 화가 날 때는 다음과 같이 되뇌어보자.

'내가 그 말을 듣고 화가 났구나.'

화가 난 스스로의 마음을 알아주는 표현이다. 화가 난 상태에서 말하기 전에 자신의 마음을 평온하게 가라앉히는 것이다.

공부 잘하는 사람은 다 잘한다는 말을 들어본 적이 있다. 분명 다 잘하는 것은 아닐 테지만, 앞의 맥락에서 비추어 보면 그들은 자기 객관화를 잘하는 사람들이 아닐까.

'자기객관화'란 타인과 사물을 '보듯이' 스스로의 상태를 바라보는 것을 뜻한다. '인지를 뛰어 넘는다'는 뜻의 '메타인지'는 이와 상통한 말이다.

영어도 마찬가지

모르는 영어단어가 나오면 뜻을 짚는 편인가. 그냥 덮고 지나가는 편인가. 모르는 것을 모른다고 시인할 때 비로소 단어를 찾아보는 스스로를 발견한 적이 있지 않은가. 그러면 영어단어를 얼마나 알고 있는가.

20세기 우리나라에서는 대부분 중학교 때부터 영어공부를 시작했다. 4년제 대학교 때까지 영어를 공부한 시간은 약 10년이다. 그런데 아직도 영어가 목마르다. 왜 그럴까? 다음을 읽고 물음에 답해보자.

Q. 한국 사람이 자신의 생각을 영어로 잘 표현하지 못하는 이유를 고르시오.

1. 학창시절의 선생님 때문에 – 나를 가르쳤던 선생님의 발음이 좋지 않았다.

2. 영어 문법을 몰라서 — 문법이 너무 어렵다.

3. 영어 단어를 몰라서 — 단어를 못 외웠다.

4. 내가 한국 사람이어서 — 미국이 아닌 한국에 태어났기 때문이다.

몇 번을 골랐는가? 언어의 관점에서 3번이 정답이다. 내가 숫자 3을 좋아하는 것과는 별개이다. 영어 또한 언어로써 의사소통의 기능이 있다. 나의 생각을 한 문장이라고 하면 단어는 그것을 이루는 재료이다. 그런데 그 재료들을 모르면 내 생각을 전달할 수 없는 것이다. 의사소통의 70%가 보디랭귀지의 비율이라면 단어만으로도 의사소통이 가능한 것이다. 나머지의 이유도 함께 살펴보자.

1) 학창시절의 선생님 때문에

한국인의 혀는 축복받은 혀다. 90년대 한국에서는 자녀의 영어발음을 위해 혀를 짧게 하는 수술을 하기도 했다. 그 정도로 우리나라 사람은 혀가 길다. 혀가 길다는 것은 어떤 언어든지 그에 맞는 발음을 구사할 수 있다는 이야기다. 그래서 한국인의 혀는 축복받았다고 하지 않았는가.

2) 영어 문법을 몰라서

문법이란 문장의 법칙을 말한다. 다음 예문의 밑줄 친 부분을 보자.

'어머니의 마음은 푸른 호수와 같다.'

한눈에 보더라도 '는'이 아니라 '은'이다. 문법을 알면 당연히 나의 생각을 조리 있게 효과적으로 표현해낼 수 있다. 그러나 문법 이전에 문장을 얼마나 많이 접했는지가 중요하다. 문법은 그동안 내가 듣고 말하고 읽은 문장을 '아하' 하면서 이해하는 과정이라고 보면 좋다. 많이 접해보고 말하는 과정이 없다면 문법은 힘을 쉽게 잃는다.

4) 내가 한국 사람이어서

한국에서는 영어를 외국어로 공부해야 하는 환경이다. 우리가 한계에 부딪치는 부분이다. 학교나 직장에서 만나는 사람에게 영어로 말을 하지 않아도 된다. 상점이나 식당에서도 영어로 말을 하지 않아도 원하는 물건을 구매할 수 있다. 그러나 영어가 학습영역이 아니라 생존영역에 속하면 이야기가 달라진다. 외국말을 못하는 사람이 외국에 가면 살아야 하기 때문에 외국어로 말을 한다. 그러나 바꾸어 생각해보면, 일정수준의 영어에 도달하기까지 한국에서 편리하게 공부할 수 있다는 뜻이기도 하다.

그렇다면 그 이유들은 우리나라 사람에게만 해당되는 것일까. 외국어로써 영어를 해야 하는 사람들에게는 모두 해당할 것이다.

단어에 중점을 두자. 영어단어 하나를 익히더라도 정확히 익혀보자.

내가 익힌 단어를 입으로 전달할 때 그대로 대화가 가능하도록 말이다.

어디서부터 시작해야 될지 모르겠다면 나에게 익숙한 것부터 해보자. 분명 어디선가 많이 봤지만 한글로 말하지 못하는 단어부터 정확히 해보는 것이다.

맞.뿜.은.기.쁨

'맞고 뿜는 것은 해대는 기쁨'이라는 나만의 줄임말이다. 영어단어를 익히는 과정에서는 그 자리에서 바로 표현하는 것이 중요하다. 듣자마자, 익히자마자 입으로 표현하는 것이다. 시행착오를 두려워하지 않는 마음을 키워야 더욱 익히기 쉬운 법이다. 외국인에게 말할 수 있는 상황이라면 적절한 상황에 단어를 꺼내보자. 다양하게 말해보는 것이다. 큰 소리로, 빠르게, 또박또박, 나만의 리듬으로.

난 랩을 좋아한다. 여러 가지 이유가 있지만 듣고 있으면 신나기 때문이다. 리듬에 실어 빠르게 말하는 것을 보면 신기하고 재미있다.

'Show Me The Money(이하 쇼미)'는 Mnet 방송에서 방송된 힙합 가수 공개 오디션 프로그램이다. 쇼미 시즌 5의 우승자, 비와이가 한 말이 생각난다. 그 많은 양의 가사를 어떻게 다 외우냐는 질문에 대한 그는 이렇게 대답했다.

"혀가 기억할 때까지 해요. 생각하는 순간 말을 더듬게 되니까요."

그의 랩은 그렇게 거듭된 반복에서 나온 것이다.

한국에서 영어의 내공을 쌓을 수 있는 가장 좋은 방법은 의식적인 반복훈련이다. 반복훈련만이 꽃을 피울 수 있다.

04 영어 잘하는 사람들의 특징

영어 관상

얼굴만 딱 봐도 영어를 잘할지, 못할지를 알면 얼마나 좋을까. 영어를 잘할 운명이라면 영어에 올인하면 되고, 그렇지 않으면 다른 곳에 역량을 집중하면 될 테니 말이다. 그러면 이런저런 고민도 덜고 시간도 아낄 것이다. 인생은 시간이라 하지 않는가.

나는 학원에 입학상담을 하러 온 학생의 어머니와 대화하면서 다양한 모습을 목격한다. 게임을 한다며 스마트폰을 뺏어가는 아이, 일어나서 상담실을 뛰어다니는 아이 등 그야말로 각양각색이다. 조용히 상담내용을 듣고 있으면 좋으련만.

수업시간에도 마찬가지다. 수업과 관련 없는 질문부터, '나 좀 봐줘요.' 하는 식의 뽐내기까지 천차만별이다. 내 마음의 파도가 이리저리 움직이다 못해 바위에 부딪쳐서 하얀 포말이 인다. 규칙을 준수하고 질서정연하면 좋으련만.

그러나 영어를 잘하는 것은 성격과 관련이 없다. 내향적인 성격의 학생들은 글로 표현하길 좋아하고, 외향적인 학생들은 시원시원하게 말로 끝내고 싶은 경향이 있을 뿐이다. 단지 시험성적의 관점으로 보면 쓰는 것을 잘하는 학생이 성적이 좋은 편이긴 하다. 영어를 잘하는 것은 생김새나 성격으로 정해지지 않는다. 생활 속에서 얼마나 영어로 생각하는지에 따라 결정될 뿐이다.

영어를 잘하는 사람들

개인적인 성향에도 불구하고 영어를 잘하는 사람은 존재한다. '어떤 사람이 영어를 잘할까?' 그들에게 다음 3가지 공통점을 찾아냈다.

첫 번째, 영어식 순서를 이해한 사람이다.

이는 기술적인 방법이다. 영어로 표현하는 법은 다양하지만 어떤 문장이든 피해갈 수 없는 법칙이 있다. 영어에서는 '누가 무엇하는지'를 먼저 이야기하는 것이다. 이를테면 '주어 동사' 내지는 '주어 서술어'에 해당하는 것이다.

학원 수업시간에 학생들에게 하나의 문장을 먼저 익히게 한 후, 그 다음에는 그 문장의 핵심단어를 바꾸어 말하게 한다. '패턴 훈련'이라고 들어봤을 것이다. 정해진 영어문장의 틀을 습득하는 게 핵심이다. 하지만 일단 입 밖으로 나와야 습득이 된다. 그래서 굳이 돌아가면서 발표를 시킨다.

'누가 무엇하는지'의 영어패턴에 익숙한 친구들은 다양한 단어로 바꾸어 말한다. 수업태도와 자세를 배제하면 이해도가 빠른 친구들이 응용도 곧잘 한다. 머리가 좋다는 이유만으로 영어를 잘하지는 않지만 같은 조건이면 '이왕이면 다홍치마'라고, 꾸준한 습관을 가지고 있으면 영어를 더 잘하지 않겠는가.

두 번째, 곧바로 활용하는 학생들이다.

그날 익힌 영어를 바로 입으로 말하거나 적는 사람들을 말한다. 왜 곧바로 적용하는 사람들이 영어를 잘할까. 익숙하지 않은 것을 바로 표현하는 것은 남의 시선을 의식하지 않는 것이다. 서슴없이 행동으로 옮기기 위한 '용기'가 있다는 것이다. 그리고 다음 이야기는 설득력을 더해준다.

독일의 심리학자 헤르만 에빙하우스는 「망각곡선」을 발표했다. 시간의 경과에 따라 학습한 것을 잊어버리는 것을 나타낸 곡선이라 할 수 있다. 그 곡선에 따르면 수업내용을 10분 이내에 다시 보면 기억의 90% 이상을 떠올릴 수 있다. 그러나 1시간만 지나도 55%정도로 줄어든다. 그렇다. 익힌 영어를 바로 표현하면서 망각주기를 최대한 늦추는 것이다.

학창시절을 떠올려보면 쉬는 시간에도 쉬지 않는 친구들이 있었다. 그들은 쉬는 시간임에도 책상에서 움직이지 않고 책이나 노트를 보았고, 대부분 성적이 좋았던 것으로 기억한다. 그들은 잠깐의 시간을 이용해 앞으로의 학습 시간을 단축시켰던 것이다.

이미 알고 있는 단어부터 당장 시작해보는 것은 어떨까. "Morning(아침)이다! Breakfast(아침식사)를 먹고 싶어."

세 번째, 자신을 아는 사람들이다.

졸음이 오는 상황을 예로 보자. 학생이라면 선생님의 수업을 들어야 하고, 직장인 및 사회인들은 각종 세미나 혹은 미팅에 참석하고, 의자에 앉아서 듣고 있어야 한다. 어지간하지 않고는 수동적인 자세로 듣게 된다. 이야기도 할 수 없으니 졸음이 찾아오기 쉽다. 천하장사라도 그의 잠 오는 눈꺼풀을 들 수는 없다. 여러분은 어떻게 하는가.

단연 최고는 스스로 잠이 온다고 인정하는 것이다. 자신의 이름을 부르면서 이야기하는 것이다. 'ㅇㅇㅇ(자신의 이름)야, 너 잠 오는 구나.'

인지하는 것으로 충분치 않다면 종이 위에 써보거나 친구에게 메시지를 보내는 것도 좋은 방법이다. 목표 잃은 두뇌가 가야 할 곳을 찾게 되면 잠이 깬다.

이 방법을 알기 전까지 나도 별 행동을 다 해봤다. 허벅지 꼬집기, 얼굴을 보이지 않게 한 후에 입을 최대한 벌리기, 마찬가지로 얼굴을 가리고 마오리족보다 혀 길게 내밀기 등을 다 해봤다. 추하면 추할수록 효과가 좋았다. 개인적인 호불호가 극명하니 참고만 하자.

나는 물리적인 방법 중에서는 '기마자세'를 추천해주고 싶다. '투명의자'라고도 하지 않는가. 의자에서 엉덩이를 5cm 정도 떼고 5초 정도만 버티고 있어보자. 온몸에 혈액이 돈다. 나가 있던 정신이 훅 들어온다. 그러나 밤을 새고 이 방법을 적용하면 안 된다. 충분한 수면은 기본이다.

늘 깨어 있자. 언제 영어가 나에게 임할지 모르니.

크게 생각하고 크게 행동하라. 스스로 영어를 잘하기 위해 태어났다고 생각해보는 것은 어떨까. 스스로의 영어공부에 엄격한 기준을 갖게 될 것이다. 잘해내기 위해 집중하고 여러 번 반복할 것이다. 비단 영어에만 국한하는 이야기는 아니다. 지금 들고 있는 영어책을 크게 읽고 크게 말해보자.

05 부딪쳐야 하는 것 vs 넘어서야 하는 것

익숙하지 않은 것을 향해 외쳐라

나는 학원 학생들에게 주로 영어로 말을 건네는 편이다. 특히 월요일이 되면 학원에서 마주친 학원생들에게 말한다.

"How was your weekend?" (주말 어땠어?)

어떤 학생은 이 질문에 영어로 대답하려 하고, 어떤 학생은 듣고 어쩔 줄 몰라 한다. 학생들의 이런 반응에서 공통점을 발견했다. 바로 목소리 크기다.

대부분 우리말로 대화할 때 만큼 목소리 크기가 나오지 않는다는 것이다. 나도 가끔은 내 목소리를 녹음해서 들어보곤 한다. 비록 내가 영어를 가르치지만 영어를 구사하는 목소리는 크지 않은 편이다.

물론 입장의 차이를 무시하고 말할 수 없다. 우리나라 사람들끼리의 대화만 보더라도 '갑과 을'의 성격이 묻어 있는 대화라면 상호간의 목소리 크기가 다를 수도 있다. 다만 외국어는 한국어가 아니라는 점에 주목해보자.

외국어는 모국어만큼 많이 쓰지 않는다는 말이다. 소리가 익숙하지 않은 데다가 입에 붙지 않으면 자연스럽게 소리가 작게 나기 마련이다. 그러므로 우리말 대화처럼 목소리를 내려면 의식적인 훈련이 필요한 것이다.

영어단어나 문장을 읽을 때는 의식적으로 큰 소리로 연습해보자. 여러 사람 앞에서 역사적인 소식을 전하는 것처럼 선포하듯이 말해보는 것이다.

우리말에 없는 발음

40대 한국남성이 아버지를 모시고 미국여행을 갔다. 그들은 해변을 보러 캘리포니아의 샌디에이고에 갔다가 날씨가 더워 아이스크림을 사러 갔다. 아들은 아버지에게 어떤 맛의 아이스크림을 먹을지 물어보고 나서 주문했다.

"바닐라 아이스크림, 플리즈."

어렸을 때 한 라디오 프로그램에서 들은 이야기다. 당시 그 사연에 따르면 그들은 원하는 아이스크림을 먹지 못한 것으로 끝이 났다. 웃지 못할 사연이다. 당시의 그 가게에는 전광판 메뉴나 사진이 없었던 것 같다. 메뉴판을 보고 손가락으로 가리키면 됐을 텐데 말이다.

'Vanilla(바닐라)'든 'Manilla(마닐라: 필리핀 수도)'든 여기에 있는 철자 a는 모두 '약한 어'로 발음한다. 게다가 바닐라의 앞 글자 'v'는 윗니로 아랫입술을 살짝 스쳐야 한다. 우리말에는 이렇게 발음하는 소리가 없다.

'바닐라' 이야기를 아직까지 기억하고 있는 이유는 무엇일까? 아마 바닐라의 영어발음을 엄청 반복했기 때문일 것이다. 당시 나는 어린나이에 그 사연을 듣고 감정이 이입되었다. 아버지를 미국에 모시고 가면 바닐라 아이스크림을 꼭 사드리고 싶었나 보다.

사생활은 존중할 것

우리나라에서는 서로 신상정보에 대해 자주 묻는 편이다. 전체주의 사상과 단체의 소속감 때문일까, 아니면 서열을 구분하기 위해서일까. 다음과 같은 내용을 물어보는 게 어색하지 않을 정도이다.

1. 나이
2. 하는 일
3. 고향 및 거주지 등

반면에 외국인이 궁금해하는 것은 따로 있다. "What's your name?" 혹은 "Mr…?", "Miss…?"라면서 이름을 묻는다. 첫 만남에 그 이상을 물어보면 그들은 의아해한다. 그런 맥락인지 그들에게 나이는 중요하지 않다. 손위, 손아래를 구분하는 명칭도 따로 없다. 이름 앞에 남자면 'Mr.', 여자면 'Mrs.'로 존중을 대신한다. 그래서 그들은 친구의 범위가 넓다.

그들에게는 누구보다 'I(나)'가 제일 중요하기 때문이 아닐까. 오죽하면 'I'를 1인칭으로 따로 구분하겠는가. 외국인과 대화할 때는 개인정보 묻는 것을 주의해야 한다. 필요하면 다음과 같이 양해를 구해보자.

"Can I ask you something?" (뭐 좀 물어봐도 될까요?)

그 꾸준함의 장벽

우리가 진정 넘어서야 할 것은 꾸준함이 아닐까? 영어공부도 운동과 독서와 마찬가지로 습관에서 그 힘을 발휘하기 때문이다. 끊임없이 해내는 일을 통해 입에서 자연스럽게 영어가 나올 것이다.

초등학생이라면 매일 점검해주시는 부모님과 선생님께 기대볼 만하다. 아이들은 그분들의 칭찬과 인정 한마디로 큰 힘을 얻기 때문이다. 그러나 아이가 사춘기 이상이라면 조금 이야기가 다르다.

그들의 습관형성은 오로지 스스로 한다고 봐야 한다. 주변 친구들에게 '영어공부를 한다'고 선포하는 방법이 있기는 하다. 외부의 자극으로 책임감을 얻을 수 있기 때문이다. 그러나 매일 해내는 원동력은 되지 못한다. 어른이라면 2가지를 꼭 기억하자. 본인에게 '재미'가 있어야 한다는 것과 부담되지 않는 '시작'이다.

나는 영화와 노래, 랩을 좋아한다. 그래서 영화를 통해 우리나라와 다른 문화를 간접 체험했고 팝송과 영어 랩은 안 보고 할 수 있을 때까지 따라 했다. 재미있었기 때문이다. 그게 계속하게 하는 원동력이었던 것이다.

우리에게 영어는 외국어다. 외국어의 습득은 학습의 과정을 거쳐야 한다. '학습'의 '학(學)'을 익히는 시간이라고 한다면, '습(習)'은 혼자 공부해야 하는 시간이다. '습'은 학습에서 70%에 해당할 정도로 비중이 높다. 그런 의미에서 익힌 대로 바로 적용하는 힘은 그 자체로 거대하다.

영어단어도, 문장도 큰 소리로 말해보자. 꾸준히 해나가는 순간 갑자기 영어로 생각하는 자신을 발견할 것이다. 잠을 자는데 꿈속에서조차 영어로 하게 될 때가 온다. 입에서 영어가 자연스럽게 나오는 것이다. 그러므로 우리를 움직이는 원동력을 찾아야 한다. 일단 나에게 '재미'있는 부분부터 찾아보는 것이다.

06

한글식 영어는
애초에 존재하지 않는다

회사와 상표명 - 호치케스, 포스트잇, 포클레인, 노트북

이 단어들의 공통점이 있다. 일단 이름에서 오는 느낌이 국산이 아닌 것은 확실하다. 이들의 공통점은 고유명사라는 것이다. 종류를 말하는 게 아니라 '이름' 그 자체인 것이다. 스마트폰을 모두 '갤럭시(삼성 모델명)'라 부르는 것과 같다. 우리나라 사람끼리만 잘 통하는 영어를 정확히 알고 쓰자. 외국인과 대화할 때 부가설명을 최소화할 수 있을 것이다.

'호치케스'는 'Stapler(지철기 혹은 종이찍개)'의 발명자이자 창업자 이름이다. 'Staple'은 'U자형으로 꺽인 철심을 박는다'는 의미가 있다.

'포스트잇'은 3M회사의 상품 이름이다. 영어로 'Sticky Note(부착형 메모지)'이다. 'sticky'는 '끈적한, 달라붙는'이라는 뜻이고, 'note'는 '필기'를 의미한다.

'포클레인'은 프랑스의 굴삭기 제조회사 이름이다. 영어로는
'Excavator(굴삭기)'이다. 'ex'는 '밖'을 의미하고 'cave'는 동사로 그 뜻이
'~에 굴을 파다'이다. 단어에서 이미 굴삭기가 작동되는 그림이 연상된
다. 땅바닥의 흙을 파내어 밖에 올려놓는 모습이 절로 이해되는 것이다.

'노트북'은 컴퓨터 회사의 상표 이름이다. 휴대용 컴퓨터는 'Laptop
computer'라고 한다. 무릎 위의 컴퓨터라는 뜻이다. 참고로 책상 위의
컴퓨터는 'Desktop computer'이다. 사실 'Notebook'은 '공책'이다.

피부

'스킨십'을 들어봤을 것이다. 상호간의 신체접촉을 의미이지만, 실제
로 쓰지 않는 표현이다. 외국인에게 그 의미를 전달하려면 'Touching'이
면 충분하다. 이성친구가 외국인이라면 'Hugging(포옹)'이나 'Kissing(키
스)', 'Caressing(애무)'의 표현을 구분해서 쓰자.

스킨십은 우정을 뜻하는 'Friendship', 회원들의 혜택과 자격을 나타내
는 'Membership'에서 그 의미가 비롯되었다. 접미사인 '-ship'은 '지위,
자격 및 관계' 등의 의미를 가지고 있다. 친구 사이에서 올 수 있는 교류
를 'Friendship'이라고 보고, 같은 클럽의 멤버들끼리 누릴 수 있는 혜택
을 'Membership'이라 본 것이다. 그러면 피부 사이에 누릴 수 있는 혜택
이 스킨십인가. 아무튼 스킨십은 상호간의 동의하에 이루어져야 한다.

우리나라에서 '스킨'은 화장품 이름으로 많이 쓰인다. 그 목적에 따라 여러 가지로 나뉘지만 'Moisturizer(수분공급제)'로 통일해서 쓸 수 있다. 'Moist'는 '축축한'이라는 형용사다. 'Moisturize'는 '피부에 수분을 공급하다.'라는 뜻이다.

면도 여부에 따라 결정이 되기도 한다. 면도하고 바르는 액체형 화장품은 'After-shave'라고 한다. 화장품 이름이 '면도 후'다.

수분공급만을 위한 화장품도 있다. 'Skin-toner'의 'Tone'은 '조율하다, 정상상태로 만들다.'라는 뜻이다. 하루 종일 피로와 미세먼지로 지쳐 있을 피부를 정상상태로 되돌려준다는 의미일 것이다. 화장품 사용에서 남녀차별이 있어서는 안 된다. 남자의 피부도 촉촉해야 하니까 피부에게 좋은 것만 선사하자.

'Rinse'는 '헹구다.'라는 의미다. 근데 샴푸(Shampoo)를 하고 린스를 하면 개운하지가 않다. 오히려 처음에 샴푸만 했던 것만 못하다. 그동안 내가 썼던 것은 'Hair-conditioner'였기 때문이다. 부드럽게 감싸주고 코팅해 주는 느낌이 있기 때문에 하고 나면 한층 부드러워진 것이다.

시선

"야, 컨닝하지 마!"

장소에 따라 시선이 바뀌듯 용어도 바뀐다. 시험시간에는 눈동자의 굴림마저 들릴 정도로 긴장감이 맴돈다. 시험시간의 부정행위는 영어로 'Cheating'이라고 한다. 'Cunnung'은 '교활한'이라는 형용사로 굳이 한글로 발음을 표현하자면 '커닝'이다. 영어에서는 자음 2개가 연속으로 오면 1개만 발음하기 때문이다. 그래서 여름을 '써머'라고 하는 것이다.

시험이 끝나고 친구들과 쇼핑하러 간다고 해보자. 불쑥 한 친구가 어디 가는지 묻는다.

"그냥. 백화점에 아이쇼핑하러!"

안 될 말이다. 고대 켈트족의 풍습 '할로윈(Halloween)'에나 어울릴 법한 단어 선택이다. 혹은 '의사'의 직군처럼 사람을 살리기 위해 쓸 만한 말이다.

물건을 사지 않고 둘러볼 목적이라면 'Window-shopping(창밖에서 보기)' 또는 'Browsing(둘러보기)'를 쓰는 게 낫다. 만일 'Time-shopping'이 있다면 부자들은 기꺼이 많은 돈을 지불할 것이다.

한편 그냥 둘러볼 목적으로 백화점에 갔다. 그러나 마음에 드는 게 있어 몇 개만 샀다. 예상치 못한 구매였지만 신이 났다. 친구를 집 근처에

내려주는데 그 친구가 말했다.

"백미러 좀 똑바로 해."

갸우뚱하면서 양쪽의 백미러를 살펴보았다. '아무렇지 않은데 왜 그러지.' 하는 사이에 집에 도착했다. 내릴 때 운전석과 조수석 사이의 천장이 눈에 띄었다. 차량 후방거울이 수직으로 기울어져 있던 것이다.

'Back mirror(후방 거울)'은 차량 내부의 천장중앙에 있다. '뒤를 본다.'라는 뜻의 'Rear-view mirror'라고도 한다. 사람의 귀처럼 차량 외부에 있는 2개의 거울은 'Side mirror(측면 거울)'이라고 한다. 운전하는 친구들에게 알려줘 보자. 외국인 친구를 태울 경우 유용할 것이다.

생활 속에서 한글처럼 사용하는 영어단어들이 많지만 정작 외국인들이 못 알아듣는 단어도 많다. 그래서 그런 말은 'Broken English(부서진 영어)'라고 불린다. 그런데 요즘에는 알아듣는 외국인도 있다. 그만큼 한국의 위상이 높아졌다는 것이리라.

'학원'이나 '재벌'이란 단어를 봐도 그렇다. 우리의 소식을 매일 전하는 외신들이 번역하기 애매하니까 아예 고유명사화한 것이다. 그래서 아예 사전에 등재까지 시켜주었다. 그래서 'Hagwon'과 'Chaebol'의 영영 뜻에는 'in south korea(한국에서)'라는 표현이 함께 실려 있다. 그러니 부서진 영어든 우리식 영어든 연습을 해놓고 볼 일 아니겠는가. '내 생각'을 영어로 지속적으로 표현하는 과정에서 어색한 영어는 의미가 통하는 영어로 자연스럽게 전환될 것이다. 영어 제대로 부숴보자.

07

10년 넘는 공부,
10년 넘은 질문

영어가 안된 이유

우리나라에서는 대부분 중학교 때부터 영어를 해서, 적어도 대학교까지 10년 동안 공부해왔다. 거기에 취업이나 이직 또한 유학을 위해 더 공부한다. 그렇다면 우리의 영어교육이 성공적이지 못한 이유는 무엇일까. 나는 그 이유를 '비교'하는 데 있다고 생각한다.

'비할 데 없는 교육은 비교가 없는 곳에서.'

신입생 상담 때 학부모에게 들었던 이야기다. 자녀가 다른 학원에서 5년 정도 공부한 중학생이었다.

"우리 아이가 5년이나 공부했는데, 같이 입학했던 친구보다 못해요."

어머니의 속상함이 나의 가슴에 꽂힌다. 아이에게 쏟아부은 돈에 비해 아이의 실력이 기대에 못 미쳤으리라. '그 돈이 어떤 돈인데…'.

언어의 관점에서만 보면 '얼마나 자주' 익혔는지가 중요하다. 같은 국가대표라도 금메달 따는 사람이 한 명인 것을 보면 개인별 실력 차는 분명 존재한다. 언어에도 개인별로 다른 실력 차가 존재한다. 영어공부에서 실력의 차이가 벌어지는 것이다. 다음 나오는 내용을 보면서 스스로를 비교 분석해보자.

- 단어를 쓰면서 익히는지, 눈으로 익히는지
- 말하기를 연습할 때 큰 소리로 외우는지, 중얼거리는지
- 수업에 참여할 때 경청하는지, 자리에만 앉아 있는지
- 그날의 감정과 기분에 따라 행동의 영향을 받는지, 그렇지 않은지

적극적인 노력에서 영어는 꽃이 핀다. 자신의 영어실력을 나이나 또래에 비교하지 말라. 부모 입장에서 자녀에게 또래를 언급하며 비교하는 목적은 공부에 있을 것이다. 본인들의 실수를 자녀들이 반복하지 않았으면 하는 바람도 있으리라. 비교로 인해 자녀의 마음이 억눌릴 수 있다. 그러므로 비교의 초점을 자녀의 말과 행동에 두어보자.

반복되는 잘못

초등학생에게 부모는 절대적인 존재이다. 아이의 마음에서 이해되지 않아도 부모님을 따른다. 그러나 중학생만 되면 상황이 달라진다. 일단 외모가 달라진다. 얼마나 두드러지게 달라지기에 '2차 성징'이라고 하겠는가.

중학생부터는 의문이 생기기 시작한다. 본인이 납득하지 못한 것을 정제되지 않은 표현으로 말하는데, 특히 남학생들은 입과 방문을 닫아버리기 일쑤다. 자녀들의 톡톡 쏘는 말투에 상처를 받는 부모들의 이야기를 듣기도 한다. 한 어머니는 자녀의 모습이 무섭다고 고백까지 하셨다.

중학생들은 굉장히 예민한 시기에 있다. 몸은 어른에 가깝지만 아직은 세상에 나온 지 15년 정도밖에 안 된 아이다. 내적으로 예민하고 그것을 겉으로 표현하는 것도 지극히 정상적인 반응이다. 오죽하면 우리나라 중2때문에 전쟁이 안 일어난다고 하겠는가.

대한민국을 이끌어갈 인재들을 또래의 누군가와 비교하지 말자. 좋은 말도 '비교'를 하면 메시지가 튕겨나갈 수 있다. 반감을 사는 것이다. 사람이기 때문에 부족하고 약한 부분이 누구에게나 있다는 것을 인정해주자. 자신이든 자녀에게든 '비교'에 대한 말을 경계하고 조심하자. 필요하다면 부모 자신의 과거와 비교해서 자녀와 주위 학생들의 성장을 독려하자.

외국인 남성 한 명이 아프리카 오지에 있는데, 궁금한 게 있어 현지인과 대화를 해야 하는 상황이다. 그는 현지인에게 다가가 양해를 구한 후, 주머니에서 무선이어폰 하나를 꺼내어 현지인에게 준다. 외국인은 허공에 홀로그램을 띄우고 언어를 선택한다. 그 둘은 대화를 나누기 시작한다.

4차 산업시대를 단적으로 보여주는 영상이다. 혁명기를 거치고 그 시대가 오면 많은 일이 사람 없이 정확하고 신속하게 처리될 것이다.

외국어도 마찬가지다. 해당국가에 가면 그 나라에 맞게 다 알아들을 수 있을 것이다. 얼마나 편할까. 영어울렁증도 사라질 것이다. 그럼에도 영어를 공부해야 하는 이유 3가지가 있다.

1. 내가 하고자 하는 말은 나만 알고 있다

'I know'와 'I see'만 봐도 그렇다. 둘 다 '난 알아.'라는 뜻으로 쓸 수 있다. 전자는 '이미 알고 있을 때', 후자는 '이제 이해 했을 때'라는 상황이 다르다.

'화장실'로 번역되는 단어도 3개나 있다. 'Toilet', 'Bathroom', 'Restroom'이다. 'Toilet'은 '변기'의 의미로 용변을 위한 화장실이다. 'Bathroom'은 '욕조 방'이라는 뜻으로 씻기 위한 목적이 강하다. 'Restroom'은 '휴식 방'이라는 의미로써 화장을 고치거나 옷 매무새를 다

듣는 것이 주 목적이 다. 우리나라에서는 변기와 욕조를 보통 한곳에 두기 때문에 모두 '화장실'로 해석되는 것이다.

영어단어를 어느 정도 익히면 그 단어를 언제 적절하게 쓰는지 알 수 있다. 혹 번역기가 번역해주더라도 내 의도가 정확히 전달되는지 관찰해야 할 것이다.

2. 뇌가 즐거워한다

뇌가 활성화되는 것이다. 배움을 통해 성장하는 자신을 발견한다. 어두웠던 부분이 밝아지는 모습에서 성취감을 느끼게 된다. 오늘 따라 삶의 의욕이 생기는 것은 나의 두뇌가 밝아졌기 때문이 아닐까.

3. 우리말의 힘이 강해진다

한글과 영어의 공통점이 있기 때문이다. 바로 둘 다 '언어'라는 것. 우리나라 사람이 영어를 받아들일 때에는 우리말로 거쳐야 한다. 예를 들어 'Forest'라는 단어는 우리에게 '숲'이라는 뜻으로 전환되어 들어온다. 우리나라는 한글로 말하고 듣는 환경이기 때문이다. 그 과정에서 자연스럽게 익숙하지 않은 우리말의 뜻을 알게 된다. 그 과정은 다음과 같다.

Deforest – 벌채하다 – 벌채 – Cut down trees – 잘라내다 나무들을

지금까지 품고 있었던 '영어가 왜 안될까'라는 질문을 '어떻게 하면 영어를 잘할 수 있을까'로 바꾸어보자. 앞으로의 10년을 위해서다. 영어를 공부하면서 어제의 나와 오늘을 비교해야 한다. 세상이 점점 편해지더라도 우리 스스로를 위해 계속 배워나가야 하는 것이다.

08 목적지가 없는 영어공부는 방황한다

보물 지도가 손에 있다. 그런데 보물이 어디에 숨겨 있는지 알 수 없다. 표시가 안 되어 있는 것이다. 어떡해야 하는가? 보물이 표시된 빨간 화살표 대신 주소라도 알면 얼마나 좋을까. 내비게이션이라도 이용하면 될 텐데.

"왜 영어를 공부하려고 하니?"

상담 온 학생에게 물으면 이 질문에 바로 대답하는 학생은 많지 않다. 그럼에도 나는 묻는다. 물음은 답을 찾기 위한 과정이기 때문이다. 질문을 통해 생각하게 되고, 바로 대답하지 못하더라도 들을 준비는 되는 것이다. 그러면 나는 여기에서 영어를 공부하는 이유는 '영어완성'이라고 말한다. 그리고 덧붙여 영어완성이란 내 생각을 영어로 말하고 그날 있었던 일은 일기로 쓰는 것임을 말해준다.

오늘도 많은 학생들이 영어를 배우러 학원에 온다. 많은 학생들이 엄마의 선택으로 학원에 다닌다. 어떤 학생들은 친구의 영어 실력을 보고 따라온다. 친구 따라 강남에 오는 것이다. 그런 것을 보면 학생들도 스스로 영어를 잘하고 싶은 마음이 있는 것이다.

Yes, we can!

수업을 시작하면서 출석을 부른 후에 하는 게 있다. 학생들의 숙제를 확인하는 것이다. 언어의 특성상 꾸준함을 지속해야 하기 때문에 매일 점검한다. 숙제를 해온 학생에게는 감탄과 칭찬을 해준다. 같은 반 친구들의 칭찬이 가장 좋은 동기부여이기 때문이다. 궁극적인 목적은 학생들의 꾸준한 습관 형성을 위해서다.

월요일에 숙제 점검을 할 때면 다음과 같은 대화가 오간다.

"선생님, 시간이 없어서 못했어요."

"시간이 없었구나. 바빴니?"

"네. 할머니 집에 다녀와서요."

"아침에 일어나면서 저녁에 잘 때까지 할 수 없었니?"

"…."

이 이야기는 '취조'의 분위기로 흐를 수 있다. 그럼에도 그렇게 말할 때가 있다. 같은 반 친구들이 함께 듣고 있기 때문이다. 조부모님 댁에 갔다는 이유가 숙제를 할 수 없다는 이유로 인식될 수 있고, 더군다나 '그럴 땐 안 해도 되는구나.'라는 분위기가 흘러가면 안 되기 때문이다. 무엇보다 하려는 마음이 중요하다는 것을 인지해야 한다. 그래서 이 이야기의 마무리는 '그런 상황임에도 넌 해낼 수 있는 사람이야.'라고 맺는다.

금 같은 시간

주말이 되어 마침 여유시간이 생겼다. 평소에 누리지 못하는 시간이다. 홀가분한 마음에 쇼파에 앉아 TV를 켰다. 계속 채널을 돌리다가 시계를 보니 어느새 2시간이 지나 버렸다. 나도 그런 시간을 보낸 적이 있다. 집에 TV는 없지만 스마트폰을 보며 목적 없는 시간을 흘려보내기도 했다. 경험해본 사람이면 알겠지만 그런 시간은 그냥 흘러버린다. 쉬고 있으니 몸이라도 충전되면 다행이다. 그러나 다음 날은 마음이 무겁다.

그러나 몸이 바쁜 하루는 다르다. 학생들의 수업준비와 책 쓰기, 영상 작업으로 하루가 꽉 찰 때가 있다. 새벽에 자는 일이 있지만 마음이 가볍고, 대신 보람이 가득하다. 학생들도 그렇지 않을까.

우리 학원의 J 양은 확실히 다르다. 수업시간 때 보여주는 습득력과 이해력이 상당하다. 숙제를 내줘도 거르는 법이 없다. 매일의 단어시험은 고등학생 단어장으로 준비한다. 초등학생이지만 중학생들과 함께 같은 반에 속해 있는 이유이다. 이 학생의 장래희망은 하버드 대학교수이다.

이제 곧 고등학생이 되는 H 양은 주말마다 내주는 영작일기를 눈에 띄게 잘 써온다.

'I went to Yeosu to see the beach at night with my family 2 days ago.' (나는 이틀 전에 밤바다를 보러 가족들과 함께 여수로 갔다.)

'어제 PC방에 갔다. 치킨을 먹었다' 등과 같은 내용과는 확연히 구분이 된다. 물론 이 학생의 영작실력은 한글 글짓기에서 나온 것이다. 이 학생의 장래희망은 작가이다.

L 양은 학교에서 전교 1등을 도맡다시피 하는 학생이다. 이 학생은 끊임없이 질문을 한다. 본인의 입장에서 이해될 때까지 질문한다. 이 학생에게 장래희망이 무엇인지 물어보았다. 돌아오는 답은 "글쎄요."로 도통 알 수가 없었다. 적어도 L 양의 수업 목표는 '이해'일 것이다.

한 30대 남성이 토익시험에서 만점을 받았다. 그의 비결은 '중1 영어 교과서'에 있다며, 읽을수록 다가오는 의미가 달랐다고 했다. 언뜻 이해되지 않았다. 중1 교과서의 단어와 토익의 단어는 그 수준이 다르기 때문이었다.

학생들을 가르쳐보니 그 만점자가 말한 내용을 입체적으로 이해하게 되었다. 그는 '중1 교과서'를 뼈대 삼아 그날의 학습을 계속 강화하고 있었던 것이다. 토익의 문제풀이를 위한 공부는 하되 영어의 체계를 뿌리내리겠다는 말이었다. 영어를 공부하면서 언어의 본질을 이해하려는 그의 노력이 두드러진다.

우리가 영어를 공부하는 목표는 저마다 다르다. 영어가 언어인 점을 생각하면 '내 생각을 영어로 표현하는 것'을 최종 목표로 삼아야 한다. 그리고 그 과정에는 훈련이 필요하다. 또한 중간에 단기목표를 달성하는 재미도 챙겨보자. 영화를 보면서 들리는 문장을 적어본다든지, 팝송을 들으면서 후렴구를 익힌다든지, 영어문장 하나라도 외워보는 것이다. 성취감, 그 맛을 보며 한 걸음씩 걸어나가자.

매일 해내는 것은 말처럼 쉽지 않다. 그렇다고 어제의 최선이 오늘의 휴식으로 이어져선 안 된다. 운동을 하지 않으면 근육량이 감소하고, 논과 밭도 그대로 두면 풀이 무성하게 자라날 것이다. 행여 휴식을 취하더라도 목표를 향한 마음을 간직하고 있자. 적어도 자전거의 페달이 멈추진 않을 것이다.

2

뇌를 영어모드로
전환하라

"Always bear in mind that
your own resolution to succeed is
more important than any one thing."

– 에이브러햄 링컨

영어를 잘하려면
뇌부터 바꿔라

우리의 뇌를 영어모드로 전환하라는 말은 무슨 이야기일까. 역시 영어를 잘하는 사람들의 뇌는 타고난 것일까. 그게 아니면 영어모드로 전환하는 방법이 따로 있는 걸까.

영어신호를 받아라

그렇다. 영어를 받아들이겠다고 마음먹자. 영어신호를 두뇌로 받고 온몸에 보내겠다고 말이다. 다른 말로 표현하면 영어를 잘하기로 결심해보자는 것이다. 어떤 이는 결심하는 것 자체만으로 부담을 느낄 수 있다. '난 영어를 잘하지 못하는데.'라는 생각을 할 수 있다는 이야기다. 그럼에도 속는 셈 치고 영어를 잘하겠다고 다짐해보라.

'난 오늘부터 영어를 잘하기로 결정했다.'라고 적어보는 것은 정말 최고의 방법이라 할 수 있다. 쓰면서 속으로 말하고, 말한 것을 듣게 되지 않는가. 잠재의식마저 내 편으로 만드는 최고의 작업은 글로 쓰는 것이기 때문이다. 그러면 왜 영어를 잘하겠다는 결심을 해야 하는지 3가지 이유를 살펴보자.

첫 번째, 결심하는 것만으로 바라보는 시각이 변한다.

결심한 것에 따라 눈에 들어오는 게 달라진다. 내가 어제 구입한 옷을 다른 사람이 입고 있다고 해보자. 그 옷이 유난히 눈에 들어오는 것은 내 옷이기 때문이다. 오늘 태권도 체육관에 등록한 사람에게 태권도복이나 검정 띠가 유독 눈에 들어오는 것도 마찬가지이다. 즉 결심하는 것만으로 눈여겨보는 게 달라지는 것이다.

두 번째, 결심한다는 것은 생각을 강화시켜준다.

생각한다는 것은 머릿속에 단어들과 문장이 돌아다니는 것과 같다. 영어로 보자면 익힌 영어단어들이 내 머릿속을 헤엄치고 있는 것이다. 그리고 그때 두 가지 반응을 볼 수 있다.

단어의 뜻을 알고 있는 경우와 그렇지 않은 경우다. 단어의 뜻을 알고 있는 경우, 우리말을 영어로 전환하려는 시도가 진행될 것이다. 단어의 뜻을 몰라도 걱정 말자. 모르면 모르는 대로 되뇌어 보는 것으로 충분하다. 머지않아 뜻을 알게 되거나 검색하는 자신을 발견할 수 있으니.

세 번째, 결심은 행동으로 연결된다.

이것은 레스토랑에서 주문하면 음식이 나오는 것처럼 자연스러운 일이다. 결심한 이상 영어를 눈여겨보게 되고, 생각한 이상 행동으로 나오는 것이다.

영어에서의 행동은 4가지 영역으로 나타난다. 즉 영어를 듣고 말하고 읽고 쓰는 것이다. 영화나 음악을 들어도 그렇다. 영어를 잘하기로 결심한 사람들은 더욱 신경 써서 들을 것이다. 결심한 이후 겪는 신비로운 경험이다.

이때를 놓치지 말고 매일의 양을 정해보자. '매일 아침 영어명언 한 문장 쓰기', '주인공의 말투로 대사 10번 따라 말하기' 등 수치화된 목표로 정해보자는 이야기다. 수치화하는 것은 영어권 문화와 닮아 있다. 영어를 언어로 사용하는 사람들은 셀 수 있는 명사를 반드시 구분한다. 대부분의 영어권 나라가 선진국 대열에 오른 것은 측정할 수 있게 수치화하는 말을 사용해서가 아닐까. 매일의 목표를 달성하면서 스스로를 선진화시켜보자.

하지만 난 영어를 잘하겠다고 결심하진 않았다. '결심의 중요성'을 강조하는 이유는 아이들을 8년 동안 가르치면서 얻은 나만의 축약형 교훈이라 하겠다. '단계별 학부모님 세미나'를 준비하면서 자연스럽게 체계화된 것이다.

초등학교 5학년 때 같은 반 친구와 이야기를 하다가 그 친구가 내게 '대문'이 영어로 무엇인지 물어보았다. 난 "Gate."라고 대답해 주었다. 연속된 영어질문에 막힘 없이 대답해주었다. 지금도 그 친구의 놀라워하던 표정이 생각난다. 하지만 당시 끝내 말하지 않았지만 그 친구는 내가 알고 있는 것들만 물어봤다.

나의 어머니는 대한민국의 여느 학부모님처럼 교육열이 뜨거웠다. 어머니 덕분에 초등학교 때부터 영어 사교육을 받았다. 어렸을 때 영어교육에 열정적으로 임하지는 않았지만 또래보다 영어단어를 조금은 더 알고 있었다. 학원 선생님께 배운 영어를 '연료'라 한다면 5학년 때 그 친구의 반응은 기폭제 역할을 해주었던 것이다.

5학년의 '대문' 이후에 중학교 때에도 비슷한 사건이 있었다. 같은 반 친구가 '라면'이 영어로 무엇인지 물었다. 난 "Noodle."이라고 말해 주었다. 고유명사처럼 혀를 꼬아 '롸면(Ramyeon)'이라고 해도 무방할 것이었다. 그때 당시의 아이들의 대화가 생각난다.

"저 아이 성적이 좋아?"
"몰라, 근데 영어는 잘해."

맞다. 학창시절의 성적은 중간 정도였다. 그러나 영어만큼은 90점 이상은 넘었다. '난 영어 잘해.'라는 생각이 있었던 것이다. 또 잘해야 한다는 생각이 있었다. 왜 그랬을까?

'의외'라는 사람들의 표정. 당시 친구들의 표정과 감탄이 날 그렇게 만들어 주었다. 친구들의 반응이 내가 영어에 집중하도록 만들어준 것이다. 내게 20년이 훌쩍 넘은 일인 과거일이지만 지금도 내 가슴은 기억하고 있는 것이다.

그 인정을 나는 더욱 원했다. 영어에 관심이 쏠려 있었고 남 몰래 찾아보고 익혔다. 처음 보는 영어단어, 자주 보지만 뜻을 모르는 단어, 아이들이 영어로 궁금해하는 단어 등. 인정받고 싶은 마음 밑바탕에는 알려주고 싶은 마음이 있었던 것이다.

그러고 보면 은연중에 '영어를 익혀야겠다'는 다짐을 스스로 한 건지도 모르겠다. 내가 관심을 갖게 된 것이니까.

나는 커다란 부를 이루거나 사회적인 성공을 거머쥔 사람들의 인터뷰를 유심히 본다. 그들은 한결같이 '끝까지 포기하지 않았다'는 이야기를 한다. 그리고 단골로 이야기하는 게 있다.

"'저는 반드시 성공하겠다'고 결심했습니다."

우리의 뇌를 영어모드로 전환하자. 지금 이 순간 영어를 잘하겠다고 결심하는 것이다. 라디오를 켜면 원하는 채널에 주파수를 맞춰야 한다. TV를 켰으면 원하는 채널 버튼을 눌러야 하는 것이다. 마찬가지로 영어를 잘하겠다고 마음먹는 것은 '영어모드의 전원을 켠 것'이다. 적어도 이 책을 읽고 있다는 것은 영어를 잘하고 싶은 마음이 있는 것이다. 그러니 지금 이 순간 '영어를 잘하겠다'고 마음을 먹자.

내가 좋아하는 공부법
vs 뇌가 좋아하는 공부법

뇌는 멈춰 있는 것을 싫어한다. 치매라 불리는 '알츠하이머'는 뇌가 멈춰 있을 때 들이닥친다. 뇌가 멈춰 있다는 것은 배움이 멈출 때라 할 수 있다. 내가 얼마나 알고 있는지는 상관이 없다. 치매의 1순위 직종이 교사 및 교수 인 것을 보면 나도 각성해야 한다. 그 충격적인 사실을 듣고 나는 어떠한 마음이 들었겠는가. '내가 알고 있는 게 다 맞아' 정신으로 임했던 나의 모습이 함께 스쳐 지나갔다. 진심으로 배우려 하지 않고 어느 부분에서 정지해 있는 나의 모습을 진심으로 반성했다.

진정한 배움은 '나는 모른다'고 할 때 비로소 시작된다. 무책임한 태도에서 비롯되는 '나 몰라'와는 다르다. 무언가를 모른다고 솔직하게 인정하는 태도, 알려고 하는 호기심 가득한 눈빛과 질문, 받아들이려는 마음이 필요하다. 모른다는 것을 알아야 빈 곳을 채우려 할 것이다. 배울 준비가 되었다면 우리의 뇌는 어떤 것을 좋아하는지 알아보자.

뇌를 활성화시키는 세 가지 방법

'뇌는 멈춰 있는 것을 싫어한다.'를 바꾸어 말해보자. 그렇다. 우리의 뇌는 움직이는 것을 좋아한다. 움직인다는 말은 '활성화된다'고도 볼 수 있다. 뇌를 활성화시켜야 하는 이유를 간단히 표현하면 언어는 두뇌를 거쳐 나오기 때문이다. 가슴이나 생각에서 나오는 원천을 이야기하는 것이 아니다. 언어는 뇌를 거쳐 입을 통해 나오기 때문에 우리는 뇌를 활성화시키는 방법을 알아야 한다. 뇌의 언어영역에 대해 말하기 전에 뇌를 활발히 움직이게 하는 간단한 원리 3가지를 알아보자.

먼저, 행복해야 한다. 성공하고 싶고 많은 부를 누리고 싶은 것도 행복한 삶을 원하기 때문이 아닌가. 인생의 일 순위는 성공보다 행복인 것이다.

뇌가 좋아하는 행복은 어떤 게 있을까. 바로 '성취감'이다. 고심했던 것에 대해 번뜩 떠오른 해결책, 오랫동안 노력해왔던 것의 마무리 등이 성취감을 대변한다. 이건 마치 꺼져 있던 전등이 몇 번의 스파크 이후에 번쩍 켜지는 것에 비유할 수 있다. 온몸으로 느끼는 뿌듯함은 뇌의 활성화로 이어진다. 그렇다면 이런 질문을 할 수 있을 것이다. 다른 방법으로 뇌를 행복하게 해줄 수는 없을까?

있다. 행복할 때의 뇌파와 '걸을 때' 생성되는 뇌파는 흡사하다고 한다. 이제 가까운 거리는 걸어보자. 먼 거리라도 이어폰 하나 끼고 걸어보자. 울적하다면 더 걸어보자. 걸으면서 행복해지자. 사색이 절로 되는 것은 보너스다.

두 번째로, 뇌는 신체의 움직임에 활성화된다. 턱, 팔, 다리의 움직임은 직접적으로 뇌를 활성화시킨다. 꾸준한 신체 활동, 즉 운동은 신체건강을 도모할 뿐 아니라 뇌의 건강까지 챙겨준다. '워밍업'을 상상하면 좋을 듯하다.

워밍업(Warming-up)에 대한 설명은 축구경기를 예로 들면 딱이다. 경기 중에 감독이 선수를 교체하는 것을 심심치 않게 보았을 것이다. 벤치에 앉아 있던 선수가 겉옷을 벗으면서 경기장 안으로 바로 들어가진 않는다. 경기장 한쪽에서 이리저리 뛰고 있던 선수가 교체해서 들어간다. 왜냐하면 운동경기처럼 격한 신체활동을 하는 곳에서는 몸이 따뜻하게 활성화되어 있지 않으면 안 된다. 근육이 손상되기 쉽기 때문이다. 경기 중에 근육에 경련이라도 생기면 뛸 수가 없다. 상대 팀 선수들과의 몸싸움이 잦은 프로 경기에서는 워밍업이 기본이다.

뇌의 관점에서 워밍업 운동은 유산소운동이 제일 좋다. 뛰기와 걷기가 이에 해당한다. 산소를 호흡하면서 하는 운동은 뇌도 호흡하게 한다.

무산소운동은 유산소운동만큼 뇌를 활성화시키지는 않는다. 무산소운동이란 근육을 형성하는 데에 주 목적이 있으며 팔굽혀 펴기 등이 이에 해당한다. 그래도 운동을 하지 않는 것보다 나으니 어떤 식으로라도 움직이면 뇌가 좋아할 것이다.

개인적으로 음악에 맞추어 춤출 것을 추천한다. 벌써 움직임 자체가 신나지 않은가. 팔과 다리의 움직임은 뇌를 활성화시키는 절반에 해당한다. 나머지 절반은 턱의 움직임에 있다.

마지막으로는 음식 섭취에 관한 것이다. 우리의 주제는 '뇌의 활성화'이므로 영양가에 대해서는 언급하지 않을 것이다. 음식 섭취는 치아와 턱의 움직임이 도맡는다.

고대 원시인들의 두뇌에 비해 현대인들의 두뇌가 도태되었다는 이야기를 들어본 적이 있을 것이다. 고대 선조들은 대부분 음식을 익히기보다 생것을 뜯어 먹었다. 그들은 치아에 힘을 주고 많이 씹으면서 턱을 움직여야 했다. 그러면서도 사냥감이 언제라도 나타나는 사냥감을 주시해야 했다. 이와 반대인 경우 도망 다녀야 했을 것이다. 늘 방법을 찾아야 하지 않았을까. 그러니 두뇌를 켜놓을 수밖에 없다.

4차 산업혁명시대에 살고 있는 나는 어떤가. 입에서 사르르 녹는 달콤한 것을 선호한다. 많이 씹으려 노력하지만 치아와 턱을 격하게 움직이지는 않는다. 질긴 것만 나와도 한쪽에 뱉어놓는다. 질긴 것을 먹기보다 행복을 선택하기 때문이다.

모르는 장소로 이동할 때에는 내비게이션부터 본다. 가까운 거리도 차로 이동하는 게 편하다. 나는 먹을 식량을 위해 사냥할 필요가 없다. 주변에 혹시 모를 맹수의 위험도 없다. 배고프면 가까운 식당에 가면 해결

된다. 일상에서 느낄 만한 생명의 위협이 없다. 몸이 편하니 뇌를 쓸 시간이 줄어든 것이다.

그래서인지 어떤 이들은 일부러도 내비게이션을 *끄고* 도로의 이정표를 보고 운전한다. 또 어떤 이들은 매일의 출근길을 다른 길로 가는 것을 주저하지 않는다. 뇌의 어두운 부분을 환하게 사용하려고 의도적으로 노력하는 것이다.

턱과 치아를 사용하는 방법으로 많이 씹기, 견과류 먹기, 껌 씹기 등이 있을 것이다. 하지만 뇌를 활성화할 목적으로 익히지 않고 먹으면 소화가 쉽지 않을 거라는 것에 유의하자.

언어책임자, 브로카 vs 베르니케

자전거를 타 본 경험이 있을 것이다. 누구든지 처음 탔을 때 시행착오를 겪는다. 운동신경이 타고난 사람들을 제외하고 말이다. 멈춰 있으면 넘어진다는 것을 넘어지면서 느낀다. 페달을 굴러야 넘어지지 않는다는 것을 몸소 이해하게 된다. 그리고 수차례의 연습을 거쳐 자전거를 자연스럽게 탈 수 있다. 그렇게 자전거 타기에 익숙해지면 그 다음부터 과정이 필요 없다. 안장에 앉기만 하면 앞으로 쭈욱 나아간다. 자전거 타기를 연습 중과 후로 비교하면 다음과 같다.

- **연습 중 과정 :** 자전거 손잡이를 움켜쥔다. – 안장에 앉은 후 오른 발을 페달에 올려놓는다. – 심호흡 1번 한다. – 오른발을 구른다. – 이어서 반대쪽도 그렇게 한다. – 시선을 앞으로 고정하고 손잡이가 흔들리지 않게 붙든다. – 넘어진다. – 처음부터 과정을 다시 시작한다.
- **연습 이후 :** 자전거를 탄다.

자전거를 탈 때 시행착오를 겪는 이유는 익숙하지 않은 순서를 익히기 위함이다. 즉 '이해'하기 위해서이다. 이해는 두뇌의 좌측 측두엽에 위치한 '베르니케' 영역이 담당한다. 이 부분은 우리가 영어단어를 우리말로 인지할 때 쓴다. 자전거를 타는 게 자연스러워졌을 때는 '운동' 능력이 중요하다. '운동'은 '브로카' 영역이 담당한다. 원어민과의 대화, 즉 영어로 즉각 말하기가 이에 해당한다.

이제 생각을 영어로 표현해야 한다. 영어단어나 문장이 '이해'의 영역을 거쳐 '운동'의 영역으로 넘어와야 한다. 그래야 자유스럽게 의사소통을 할 수 있다. 그리고 그 과정을 돕기 위해 두뇌를 활성화하자. 춤추듯 신나게 움직여보자.

03 영어공부의 핵심은 반복이다

'생각을 영어로 표현하는 것'은 여전히 나의 목표다. 이 책을 읽는 여러 분들의 목표도 '언어학습자'보다는 '의사소통자'이길 바란다. 내 생각을 전하기 위해 말하거나 글을 쓰는 적극적인 행동을 취하길 원하는 것이다. 듣거나 읽는 것은 수동적 느낌을 지울 수 없다. 말하거나 쓰기 위해 두뇌의 긴장감과 약간의 부담감은 영어를 향상시켜 주는 촉매제가 되어 줄 것이다. 하루 일정량의 훈련으로 가까이 다가가보자.

학생들과 매일 수업하면서 영어로 주고받는 부분이 있다. 다음은 그중의 일부다.

교사 : Let's check the attendance. (출석 체크하자.)

학생 : Let's check who is here today.

(오늘 여기에 누가 왔는지 확인합시다.)

처음 영어학원에 들어온 학생부터 교실영어(Classroom English)를 훈련한다. 약 1-2개월의 시간이 소요된다. 그동안 학생들은 교사의 말을 듣고 따라 한다. 물론 시작한 지 얼마 되지 않았을 때는 영어를 더디게 말한다. 그러나 수차례 계속하면 금세 따라 한다. 2주만 지나도 어느 정도는 훈련된다. 조금만 더 지나면 아이들의 목소리가 커지고 제법 미소까지 띤다. 여유가 생긴다. 이 과정에서 아이들의 유연성과 흡수성에 다시금 감탄하게 된다. 학생들은 그저 듣고 따라 할 뿐이다. 집에 가서 익혀오라고 숙제를 내주지도 않는다.

우리 생각을 영어로 말하기 위해 어디에 초점을 두어야 할까. 학생들이 영어로 말하는 과정을 '어떻게 따라왔는가'이다.

학생들은 특별한 에너지를 쏟지 않는다. 영어학원에 처음 온 학생들 대부분은 모르는 영어를 듣고 따라 한다. 교사는 1번씩 따라 하게 할 뿐이다. 다음 날 같은 시간이 되면 똑같이 반복한다. 학생들은 그저 따라할 뿐이다. 그런데 그렇게 1-2개월이 지나면 학부모님을 초청하여 이제까지의 과정을 '참관수업'으로 보여까지드릴 수 있는 정도가 된다.

이는 아이들에게만 국한되는 것이 아니다. 정해진 시간에 정해진 장소

에서 일정량의 반복은 중요하다. 그러면 쉽고 빠르게 영어가 업그레이드
될 것이다.

영어의 덧셈, 뺄셈은 기준이 있어야 가능하다

외국인이 한국인에게 '어떻게 지내냐'고 안부를 물었다고 해보자. 많은
한국인들이 B와 같이 답 한다.

A : How are you?

B : I'm fine, thank you and how are you?

익숙한 표현이다. B의 대답은 획일적인 한국의 영어교육을 비판할 때
자주 등장하는 영어표현이다. 그러나 나는 조금 다른 입장이다. 일률적
인 문장이라 하더라도 알아놓는 것이 좋다. 기준이 되는 문장이 있어야
하는 것이다. 영어의 응용은 핵심 단어를 교체하기만 하면 되기 때문이
다.

예를 들어, '나는 동물원에 갔었어'를 다르게 표현한다면, 핵심키워드
인 '동물원'만 바꾸어 말하면 된다.

"I went to the zoo." → "I went to the mart."

이러한 패턴 연습으로 다양한 영어문장으로 만들어낼 수 있다. 영어 표현을 많이 알게 되면 자신감이 붙는다. 생각보다 어렵지도 않다. 장소면 장소, 음식이면 음식 하나를 바꾸기만 하면 되기 때문이다. 잘 알아놓은 기준 문장은 '총'에 비유할 수 있다. 총알이 많이 있으면 발사만 하면 된다. 그렇다면 성능 좋은 총은 어디서 비롯되는 것일까. 바로 반복을 통해 갖추는 것이다.

반복과 이해는 함께 가야 한다

'토익(TOEIC)시험 고득점자가 외국인과 이야기를 잘 못한다.'라는 말을 들어본 적이 있을 것이다. 이 이야기는 영어를 문제풀이 위주로 공부하는 현실을 꼬집는다. 하지만 마냥 받아들일 수 없다. '언어는 반복에서 완성된다.'라는 일반화된 진리가 있기 때문이다. 토익의 고득점이 목표라면 최소한 하루에 1-2시간 이상은 공부해야 한다. 그 시간 동안 같은 뜻의 단어들을 세트로 외우고 들리지 않는 지문을 통째로 외우려고 노력하게 된다. 이렇게 하는 데 왜 말하기가 안 된다는 이야기가 나올까. 나는 그들이 영어로 의사소통을 할 수 없는 이유로 다음 3가지를 꼽는다.

첫 번째, 심리적 부담감이다. 실수하기에는 영어점수가 높고, 타인이 의식된다. 이미 인증된 높은 토익점수가 있기에 대화하면서 겪는 시행착오가 두려운 것이다.

청해(Listening)와 독해(Reading)로 이루어진 토익 시험에서는 말하기 (Speaking)연습이 따로 필요 없다. 어찌 보면 토익 고득점과 말하기 연습은 별개였던 것이다.

두 번째, 토익의 주제는 '경제'와 '비즈니스'이다. 한국에서 토익을 준비하는 사람들이 대부분 학생이라는 점에서 외운 단어를 써먹을 일이 별로 없는 것이다.

게다가 영어단어의 한글 뜻은 우리를 다시 우리말 사전으로 인도한다. 내가 'Merger'라는 단어를 처음 접했을 때가 생각난다. '합병'이란 우리말을 더 생소하게 여겼다. 써먹을 수 없는 영어단어와 실생활에서 잘 쓰이지 않는 우리말은 마치 기름과 물처럼 나뉘어 있다.

세 번째는 근본적인 이유이다. 영어권 사람들이 쓰는 언어와 우리말의 쓰임이 다르다는 것이다.

적재적소의 차이

중반부에서 언급된 A의 질문인 'How are you?'는 '어떻게 지내니?'라는 뜻이다. 외국인들은 하루가 지나고 다음 날에 만나도 이 말을 한다. 그들에게 그저 간단한 인사인 것이다.

우리나라는 어떤가. '안녕하세요.' 하고 인사를 건넨다. 답변이 특별히 필요없다. 목례나 환한 표정이면 답례로 충분하다. 그렇다. 인사문화의 차이이다. 그들의 인사를 이해를 돕는 차원에서 우리나라식으로 각색해보겠다. 시제가 일치하지 않더라도 내용을 중심으로 이해하길 바란다.

A : How are you? (어떻게 보냈어?)

B : I'm fine, thank you, and how are you?

(좋았어, 물어봐줘서 고마워, 그러는 너는 어떻게 보냈어?)

영어공부의 핵심은 반복이다. 외국어가 자연스럽게 나올 수 있으려면 반복훈련을 하는 게 먼저인 것이다. 그 반복은 서로 다른 언어에서 나오는 문화의 차이를 받아들이는 데서 힘을 얻는다. 그러면 상대방에게 오해 없이 나의 뜻을 전달할 수 있다. 그러므로 훈련의 숙달에서 여유가 생기면 상대의 언어를 이해하는 연습을 해보자.

반복으로 두뇌가 활성화되고, 이해하려고 노력한다면 외국어 실력이 더욱 향상될 것이다. 벌써부터 두뇌의 신경들이 서로 자극해주는 소리가 들리는 듯하다.

04 낭독이야말로 최고의 두뇌훈련이다

"나는 자신감이 넘친다. 나는 고귀하다. 나는 행복하다. 나는 풍요롭다. 나는…."

어떤 성공자들은 하루를 선포로 시작한다는 이야기를 들은 적이 있다. 원하는 자신의 모습을 크게 말하는 것이다. '자신'뿐 아니라 '목표'와 '관계' 등도 큰 소리로 말한다. 이 선포를 '언어의 관점'으로 보자. 언어의 기본은 말하고 듣고, 읽고 쓰는 것이다. 내가 입을 통해 큰 소리로 말한 것은 내 귀에 들리게 된다. 말하면서 듣는 것이다. 눈으로 보고 읽을 수 있는 것을 굳이 큰 소리로 외치는 이유는 무엇일까.

"저는 기상 직후의 10분을 성경을 읽는 데에 사용합니다."

이 사람은 어떤가. '선포'의 예시에 이어 이번엔 '영향'에 대해 말하고자 한다. 일어나자마자 10분 동안 읽은 성경책의 내용은 이 사람의 하루에 어떤 영향을 미칠까? 10분이 시간 그대로의 10분일까. 그렇지 않을 것이다. 그날의 말과 행동이 아침에 읽은 성경책의 영향 아래에 놓이게 될 것이다.

낭독은 최고의 두뇌훈련

낭독은 단어나 문장을 소리 내어 읽는 것을 말한다. 명언이나 잠언을 소리 내어 읽는다면 언어의 운동, 즉 말하기를 담당하는 두뇌의 '브로카' 영역이 활성화된다. 하루를 보내면서 소리 내어 읽은 부분이 떠오르거나 절로 생각난다면 이해를 담당하는 '베르니케' 영역이 활성화된다. 입으로 소리 내어 말하는 것으로 일단 두뇌는 활성화된다. 두뇌는 기쁨의 비명을 지르고 있을 것이다. 그렇다면 무엇을 낭독해야 할까.

무엇이 좋을꼬

영화의 대사를 따라해보는 것은 어떨까. 감명 깊게 본 것일수록 효과는 더 크다. 무언가를 인상 깊게 봤다는 것은 기억하기 쉽다는 뜻이다. 원하는 것이 화면을 통해 드러났기 때문에 인상 깊은 게 아닐까. 그래서 닭살이나 눈물 등 온몸으로 표현되는 것 같다. 아니면 평소 존경하는 위인의 명언을 따라해보는 것도 좋다. 본인이 좋다고 생각할수록 그 안의 울림이 커지기 마련이다.

　나는 아브라함 링컨의 명언을 좋아한다. 수더분하고 특별해보이지 않는 외모에서 잔잔한 위대함이 느껴지기 때문이다. 내가 책 속에서 만난 링컨은 이렇다.

　쉽게 지나칠 수 있는 것도 호기심 있게 관찰한다. 남들이 감추고 싶은 것도 정작 본인은 자연스럽게, 때론 당당하게 드러낸다. 링컨의 명언을 들여다 볼 때 그의 면모가 생각나는 것이다. 언어 이상의 긍정적 에너지가 느껴지지 않는가.

　이제 자신에게 힘이 되어주는 말이 누구에게서 나왔는지 살펴보자. 그러면 더욱 힘이 생기는 것을 발견할 수 있을 것이다.

창조가 제일이다

　내가 권유하고 싶은 것이 있다. 자신의 이상적인 삶을 글로 써보라는 것이다. 스스로 감독이나 작가가 되어 원하는 것을 구체화시키는 것이다. 언어에서 '쓰기'는 말하기의 또 다른 방법이기 때문이다. 입으로 소리내면 '말하기'이고 펜으로 적으면 '쓰기'가 되는 것이다. 원하고 바라는 모습을 다 적은 후에 큰 소리로 말하면서 하루를 시작하는 것이다. 모르는 단어는 검색해보고 웹사이트 번역기에서 어렵지 않게 영어로 바꿀 수 있다. 그러면 어떻게 자신의 삶을 써야 하는가.

스스로의 하루를 잘 관찰해보자. 일상 속에서 내가 관심 있게 바라보는 게 무엇인지 관찰해 보자. 일상과 영어가 연결되지 않는다면 반복의 가능성이 극대화되지 않는다. 나만의 언어로 바뀌는 게 쉽지 않다는 것이다. 언어는 반복에서 묻어나오는 것이기 때문이다. 우리의 목표가 '생각을 영어로 표현하는 것'임을 상기해보면 영어를 내 삶에 자연스럽게 녹여내는 것이 중요하다.

회사원 A 씨를 예로 들어보자. 가상의 인물 A씨를 '전지적 작가 시점'에서 살펴보겠다.

오늘도 A 씨는 회사에 가기 싫어한다. 침대에서 마지못해 일어난다. 수동적이고 무기력해보인다. 출근하기 위해 지하철에 올라탄다. '뭐 재미난 게 없을까.' 하며 스마트폰을 주머니에서 꺼내본다. 잠시 후에 한숨을 내쉰다. 그래도 며칠 후면 월급날인 것을 상기하니 조금 위로가 된다. 만족스럽지 않지만 급여는 그에게 유일한 낙이기 때문이다.

그렇다. A 씨는 힘이 없다. 일상에서 힘을 발휘하지 못하고 있다. 그는 그의 삶에서 활기를 찾아야 할 것이다. '말에는 힘이 있다'는 것을 믿고 A 씨를 위한 영어로 확언을 적어보자.

"I am I. I am confident. I am prosperous. I am gifted. I am rich. I am love." (나는 나이다. 나는 자신 있다. 나는 번창한다. 나는 타고난 재능

이 있다. 나는 부자다. 나는 사랑이다.)

"I love my family. I love my friends. I like my job. I like money. I enjoy my day." (나는 가족을 사랑한다. 나는 친구들을 사랑한다. 나는 직업을 좋아한다. 나는 돈을 좋아한다. 나는 하루를 즐긴다.)

이제 큰 소리로 외치는 일만 남았다. 하루를 외치면서 맞이하면 힘이 나고 에너지가 솟을 것이다. 일상의 불편함을 평소 원하는 삶으로 바꾸는 과정이다. 바라보는 관점이 현실을 창조해내는 것이기 때문이다. 영어로 외치면 영어실력은 덤이다.

'원하는 것'에 초점을 맞추어 적거나 말할 때 주의할 사항이 있다. 개선하고 싶은 것과 극복하고 싶은 것에 초점을 두지 말자. 원치 않는 상황을 다시 한 번 언급해야 하기 때문이다. 다음은 말을 심하게 더듬었던 사람이 한 말이다.

"제 목표는 TV에 출연하는 것이었습니다."

그는 TV에 출연한 이후에 말자신의 목표는 '말더듬 극복'이 아니었다고 말했다.

이는 현재 100억 원대의 자산을 형성한 '한책협'의 김태광 대표가 한 말이다. 그의 말은 많은 것을 깨닫게 해준다. 극복할 것에 초점을 두지 않고 원하는 것에 집중하여 달성하자는 말이다.

영어훈련의 방편으로써 낭독할 때 무엇을 어떻게 해야 하는지 느낌이 오지 않는가. 즉 스스로에게 힘과 도움이 되는 것을 큰 소리로 낭독하는 것이다. 두뇌 활성화를 뛰어넘어 우리 하루의 전체를 활성화시키는 것이다. 이제 우리 모두 원하는 곳을 또박또박하게 선포하고 하루를 시작하자.

아침에 일어나면 자신을 위한 확언으로 하루를 만들어보자. 영어로도 선포하자. 일상은 활기찬 에너지로 가득차고 영어실력까지 자신감이 붙을 것이다. 아침은 황금을 물고 있다고 하지 않는가. 소중한 시간을 고귀한 것으로 채워가자.

점점 나아지는 영어 문장

1. Every single day / my voice is energetic / and my every step is rhythmic. (날마다 나의 목소리는 활기차고, 매 발걸음에는 리듬이 있다.)

2. My smile and greeting delight / the people whom I am with.
(내가 건네는 미소와 인사는 주변 사람들을 밝게 해준다.)

3. Today / the food I eat makes / my metabolism go well, my blood circulate / and my immune system strengthen. (오늘 내가 먹는 음식은 원활한 신진대사와 혈액순환, 면역체계를 강화시켜준다.)

4. I am full / of the wealth and the fortune today. Money and lucks are overflowing / to me now.
(내게는 오늘도 부와 운이 철철 넘쳐흐른다.)

5. Every day / I'm getting better and better / in every way.
(나는 매일 모든 면에서 점점 좋아지고 있다.)

05 인토네이션, 영어의 리듬을 타라

난 랩을 좋아한다. 내가 랩을 좋아하는 이유는 3가지다. 속도, 규칙, 쾌감. 힙합비트 위에 랩퍼들의 목소리가 박자를 탄다. 평소보다 맹렬한 속도로 가사를 읊조린다. 랩이 멋있게 들리는 것은 그들만의 규칙이 있기 때문이다. 각운(Rhyme)이다. 각운이란 '끝글자 맞추기'라고 보면 된다. 예를 들면 이렇다.

'동쪽에서 떠오르는 해 / 햇살이 내 눈 속에 들어오네

그때마다 눈을 감아보곤 해 / 그대를 떠올리기 위해, 오예'

옛 감성이 추억을 타고 소환된다. 개인적인 감정은 뒤로하고 잠시 살펴보자. 위의 밑줄 친 글자를 보면 말의 리듬감이 생긴다. 자연스레 박자를 타고 고개를 끄덕이게 된다. 이렇게 하다 보면 어느새 내 마음은 유

쾌, 상쾌, 통쾌!

영어에도 랩처럼 리듬감이 있다. 단어 자체에 강약과 장단, 높낮이가 있어서, 듣고 있으면 한 편의 노래나 시처럼 들리기도 한다. 그렇기 때문에 귀를 의심하게 되는 영어단어들도 있다.

'맘스터치 / 맘스브레드 / 맘스퍼게리'의 철자를 유추해보자. 영어로 2개의 단어이며, 앞 단어는 모두 같다는 게 힌트다. 철자는 다음과 같다.

Mom's Touch / Mom's Bread / Mom's Spaghetti

나는 스파게티에서 적지 않은 충격을 받았었다. '퍼게리'처럼 들리는 이 단어의 이유를 따져보니 강세 때문에 그렇게 들린 것이다. 강세란 '강하게 읽는 부분'이다. 'Spaghetti'의 강세가 'e'에 있던 것이다. 약하게 소리 나는 's'는 상대적으로 귀에 들어오지 않았던 것이다.

단어 몇 개만 더 살펴보자. '미역 / 캐머 / 므나폴리 / 예빌리옹'이라는 발음의 철자를 유추해보자.

Milk / Camera / Monopoly

‘미역’은 익숙하다. ‘l’발음에서 오는 혀의 위치 때문이다. ‘Milk’의 ‘Mil’은 ‘밀’보다는 ‘미을’에 가깝다. ‘Milk’의 ‘i’에 강세가 있으며 ‘k’는 약한 소리를 낸다. 그래서 우유가 ‘미역’으로 들리는 것이다. 마찬가지로 사진기는 ‘캐머’로 들린다. ‘낙타’를 뜻하는 영어단어와 발음이 비슷하니 유의하길 바란다.

‘Monopoly’도 살펴보자. 우리에게 친숙한 보드게임 이름이기도 하다. 그 게임의 이름은 한글로 ‘모노폴리’라고 적혀 있다. ‘Monopoly’는 두 번째 ‘o’에 강세가 온다. 두 번째 ‘o’가 ‘아’로 발음되어 ‘므나폴리’처럼 들린다.

덤으로 ‘Monarch도 한 번 보자. ‘Monopoly’와 ‘Monarch’는 서로 같은 접두사를 사용한다. ‘mono-’는 ‘혼자 또는 하나’를 뜻한다. 그런데 같은 접두사를 사용하는데도 ‘Monarch’의 발음은 ‘마널크’이다. 이 단어의 ‘o’는 ‘아’로 발음되며 강세도 있다. ‘모나크’가 아니라 ‘마널크’로 발음되는데, 비슷한 철자여도 다르게 발음이 된다는 것이다.

다이아몬드 원산지로 유명한 나라가 있다. ‘시에라 리온(Sierra Leone)’이다. 서아프리카에 위치한 이 나라의 발음은 랩을 들으며 알게 되었다. 랩에서 ‘예빌리옹, 예빌리옹’ 하길래 찾아본 것이다.

철자를 보고 영어를 정확하게 발음하기에는 한계가 있다. 영어의 발음은 강세와 발음기호에 의해 구분되기 때문이다.

문장은 인토네이션

인토네이션은 '강세의 확장형태'이다. '어조'라고도 한다. 영어에서 '어조'는 무엇을 의미하는 것일까. 문장 안에서 들리는 각 단어의 높낮이라 할 수 있다. 그때 생기는 높낮이의 흐름, 인토네이션이다.

'인토네이션을 어떻게 표현할 것인가?'라는 질문은 '어느 단어를 강조하고 싶은가?'와 같다고 할 수 있다. 하나의 문장이 하나의 생각이라면 '강조점을 어디에 둘 것인가'를 고민해보자. 인토네이션은 말하는 사람이 강조하고 싶은 단어에 힘을 주면서 형성할 수 있다.

앞서 말한 단어의 강세를 하나하나 알아가는 게 먼저다. 그리고 문장에 적용시키면서 연습해보자. 대부분의 인토네이션을 이해할 수 있을 것이다. 다만 이 '어조'에 따라 문장의 뜻이 달라질 수 있음에 유의해야 한다. 다음에 오는 1번과 2번의 대화에서 밑줄에 들어갈 알맞은 말은 무엇일까?

1.

A : Hey, let's play baseball. Come on. (이봐, 야구하자. ____.)

B : Okay. (알았어.)

2.

A : Go up to the stage. Everybody wants to see you on there.

(무대 위로 올라가. 모두가 그곳에 있는 널 보고 싶어 해.)

B : Oh, come on. (오, ____.)

1번은 '이리 와.' 2번은 '이러지 마.'이다. 1번의 'come on.'은 짧게 "커먼."하면 되지만 2번은 "커머어어허언." 하고 늘리듯이 말해야 한다.

거리낌 없는 친구들과 나눌 수 있는 다음의 대화도 참고하자. 친한 외국인 친구가 있다면 공감할 수 있으리라.

3.

A : Could you shut up, please? (제발, ____?)

B : Okay. I'll talk to you later. (알았어. 나중에 이야기할게.)

4.

A : She has just finished her homework. (그녀가 숙제를 막 끝냈대.)

B : Oh, shut up. (오, ____.)

3번과 4번 대화의 밑줄에 들어갈 알맞은 한글은? 3번은 '조용히 해줄래'이고 4번은 '설마'이다. 상대방이 한 이야기를 '믿을 수 없다.'라고 표현할 때 4번처럼 말할 수 있다.

영어문장의 높낮이는 단어의 강세가 결정한다. 강세의 위치를 아는 것이 먼저인 것이다. 그 다음은 대화에서 강세를 살려보자. 실전에 적용해보는 것이다.

우리 학원에서는 학생들과 수업을 시작하면서 하는 게 있다. 단어장을 읽는 것이다. 한 명씩 돌아가면서 읽는데 발음기호의 낱소리를 하나씩 읽게 한다. 특히 악센트는 유난히 세게 말하도록 유도한다.

외국인과 대화하면 자신도 모르게 목소리가 기어 들어가기 때문이다. 대화 중에 악센트가 살아 있어야 한다. 다시 한 번 짚고 가자. 단어의 강세와 문장의 인토네이션은 정확한 전달을 위해 필요하다. 단어의 강세 위치를 정확히 알자.

문화의 차이에서 오는 뜻을 다 알 필요는 없다. 대신 대화중에 모르는 표현을 들었을 때 스스로 이해한 것을 되묻거나 직접 물어보자. 우리말 처럼 우리가 하고자 하는 말을 명확히 표현하면 된다.

인토네이션 예시 문장

밑줄 친 단어에 힘을 주어 읽어보자.

(또는 본인이 강조하고 싶은 단어에 힘을 주면 된다.)

1. 최상급이 있는 문장

She is the most beautiful woman in the world.

2. 진행형이 있는 문장

Yes! I'm going to the coffee shop.

2. 지각동사가 있는 문장

He saw you dance in the evening.

4. 사물을 묘사하는 문장

There are many boats on the river.

5. 목적을 나타내는 문장

My sister went there to get something to drink.

06

하루 한 편
미국 드라마를 보자

"도대체 내가 왜?"

소리를 지른 주인공은 눈물을 흘린다. 눈을 질끈 감고 주먹을 꽉 쥔다. 갑자기 TV화면이 멈추고 노래가 흘러나온다. 드라마를 협찬해준 회사 이름들이 자막으로 지나간다. 거실에 있던 온가족은 TV에 시선을 고정하고 한동안 아무 말이 없다.

대한민국 미드열풍

누구나 TV에서 방영하는 드라마를 본 적이 있을 것이다. 드라마를 이어서 보는 이유는 무엇일까. 의견이 분분한 질문이다. '주연 배우를 보려고 드라마를 본다', '드라마 내용 구성이 잘 되어 있다', '이야기 주제가 딱 내 상황이다' 등 여러 가지 이유가 있을 것이다. 하지만 그중에서도 드라마를 계속 보는 것은 '궁금증'의 꼬리를 잡고 싶어서가 아닐까?

2002년쯤이었을 것이다. 우리나라에서는 미국드라마 〈섹스 앤 더 시티〉와 〈프렌즈〉가 유명했다. 대한민국을 사로잡았다고 해도 과언이 아닐 정도로 많은 사람들이 보았다.

나도 〈프렌즈〉를 재미있게 봤다. 배우들의 연기와 유머는 내가 가장 좋아하는 포인트였다. 그리고 내가 봤던 주연급 배우들은 영화에서도 자주 봤던 터라 익숙했다. 게다가 '시트콤' 성격상 매일의 짧은 주제는 나를 몰입하게 해주었다.

요즘은 미국 드라마뿐만 아니라 영국 드라마까지, 우리에게 친숙해진 지 오래다.

영어 드라마, 봐야 하는 이유

내 생각을 영어로 표현하고자 하는 이들에게 영화와 드라마를 빼놓고 말할 수 없다. 실제로 일어나는 이야기, 있을 법한 이야기를 다루기 때문이다. 전부 다 사람들이 이끌어 가는 것이 아닌가. 드라마가 왜 도움이 되는지 3가지 이유를 들어보겠다.

첫 번째, 드라마의 주제는 우리의 삶이다.

어떤 상황에서 어떤 대화가 오가는지 간접 체험을 할 수 있다. 실제의 모습을 살아 있는 언어로 경험할 수 있다는 이야기다. 그리고 그 주제는 아주 다양하게 세분화되어 있다.

세부 주제, 즉 드라마가 말하고자 하는 것은 주인공들의 직업을 통해 이야기하는 경향이 있다. 의학용어에 관심이 많은 사람들은 주연배우의 직업이 의사인 드라마를 선택해 보자. 마찬가지로 도시의 삶, 군대, 법정, 결혼한 주부들, 학교생활, 직장 이야기 등으로 주제를 선택할 수 있다.

자신의 일상과 비스솬 것도 좋다. 드라마를 보다가 주인공들의 생활을 눈여겨 봐두자. 하루를 보내면서 그 지혜를 발휘할 수 있다. 자연스럽게 떠오르는 영어단어는 덤이다.

내가 좋아하는 배우가 나오는 드라마가 있다. 나는 영국 드라마 〈셜록〉의 주연배우를 좋아한다. 그가 극중에서 보여주는 빠른 대사와 능청맞은 표정연기 때문이다. 나의 얼굴과 그의 얼굴 길이가 닮았다는 사실이 더욱 몰입하게 해준다. 그의 중후한 목소리는 이미 전 세계적으로 유명하다. 보지 않을 이유가 없다. 좋아하는 배우의 드라마를 보면 그 주인공의 대사를 자연스레 따라 하게 되는 것 같다.

두 번째, 뇌가 좋아한다.

어떤 측면에서 뇌가 좋아할까. 이번 편이 끝나고 다음 편에 이어질 내용을 미리 그려보기 때문이다. 마치 '소설을 쓰는' 창조의 과정을 거치는 것이다. 그러면 뇌는 활성화하느라 분주하다.

우리는 궁금하면 찾아보고 검색해보게 된다. 뇌가 우리의 호기심을 적극적인 행동으로 이끌어주기 때문이다. 몰랐던 것을 알게 되면서 전에 없던 두뇌회로가 만들어진다. 워밍업된 축구선수가 바로 경기에 참여할 수 있는 것처럼 그물처럼 촘촘히 짜인 두뇌 회로가 활성화되어 다양한 형태로 영어를 저장할 것이다.

세 번째, 배우와 내가 일치하는 과정을 겪는다.

회를 거듭하며 주인공의 걱정을 내가 하게 된다. 주인공이 풀지 못한 문제를 내가 고심할 때가 있다. 드라마를 보며 내가 주인공이 되는 것이다. 드라마 안에서 영어로 말하는 배우들과 나는 어느새 친구가 되어 있을 것이다.

푹 빠지는 3가지 방법

영어가 가득한 드라마, 어떻게 봐야 하는가. **먼저, 과감히 즐겨보자.** 배우가 나인듯, 내가 배우인듯 대사를 따라해보자. 거울 앞에서도, 드라마를 보면서도, 친구들 앞에서도 흉내 내는 것에서 시작해보자. 그러면 드라마를 볼 때마다 배우들이 말하는 것에 귀가 기울일 수밖에 없다. 원하는 것에 시선이 모일 때 행동으로 연결되듯이 내가 동일시하는 배우의 말을 쉽게 따라 할 수 있을 것이다. 적극적으로 느끼는 재미에서 지속적인 학습으로 이어보는 것이다.

다음에는 들리는 영어를 적어보자. 드라마의 흐름에 방해받지 않는 선에서 적어보자. '쓰기'는 최고의 훈련법이기 때문이다. 기록으로 남기면 다시 보게 되어 있다. 드라마가 끝난 후 내가 적은 대사를 보자. 우리의 두뇌는 복습을 좋아하지 않는가. 어느새 반복하고 있는 신비를 통해 한 걸음 앞서 가게 된다. 언어는 반복 속에서 꽃이 핀다.

마지막으로 드라마의 내용을 파악하자. 특히 내게 주는 메시지가 무엇인지 느끼면서 보자. 가치관과 우선순위에 따라 보고 듣는 게 달라지기 때문이다. 그렇다면 '자막을 봐야 하는지' 궁금할 수 있다. 나는 보라고 권유하는 편이다. 드라마를 보는 내내 무슨 말을 하는지 알아들을 수 없으면 영어는 둘째 치고 내용의 흐름을 놓쳐버리기 때문이다.

드라마는 외국 문화의 간접체험이다. 자막을 알면 어떤 상황에서 하는 말인지 파악할 수 있다. 그러므로 자막을 내용의 흐름을 도와주는 도구로써 활용하자.

자막을 보고 드라마를 봐야 하는 사람이라면 일주일에 1번쯤은 자막 없이 시청해보자. 얼마나 들리는지 스스로 자극이 될 것이다. 자막을 보지 않고도 내용을 파악할 수 있다면 더할 나위 없이 좋다. 최종 목표는 자막 없이 영어 드라마를 보고 내용을 파악하는 것이다. 한국 사람이 한국 드라마를 즐기듯이 미국 드라마도 즐겨 보자.

하루에 한 편 미국 드라마를 보자

하루 일과가 끝나거나 직장에서 퇴근 후에 영어 드라마를 틀어놓자. 일상을 재미있게 해줄 것이다. 주인공을 보며 현지에 이미 가 있는 것처럼 그들의 말투, 유행과 문화를 경험하게 될 것이다.

그러면 어느새 입에서 주인공의 대사를 하고 있는 나를 발견하게 되고, 내가 그 배우가 되어 있다. 그 과정을 웃으면서 즐기자.

여러 번 봐도 다른 메시지를 안겨주는 인생 영화 5

1. 라이온킹(The Lion King)

우리는 인생에서 왕의 역할을 해내고 있는가. 책임지는 것도.

주인공 '심바'가 자신을 알고 자신의 위치를 찾아가는 과정을 그렸다. 앵무새 '자주'의 목소리를 듣고 있으면 그 배역에 제격이라는 생각이 든다.

2. 미녀와 야수(Beauty and the Beast)

책을 좋아하는 주인공 벨과 마법에 걸린 야수 그리고 거친 남자 개스톤. 상반된 성격의 남자 주인공들의 모습을 보면서 내게 있는 양면성을 새삼 인지하게 된다. 야수가 마법에서 풀려나는 장면을 보고 나 또한 새롭게 비상할 거라는 희망을 갖는다.

3. 패밀리맨(The Family Man)

사회적으로 성공한 잭 vs 한 가정의 가장인 잭. 주인공 잭을 보면 같이 웃고, 함께 아쉬워하게 된다. 눈치가 빠른 큰 딸, 애니의 눈빛과 표정 연기는 일품이다. 엔딩 신에서 남녀 주인공은 공항카페에서 무슨 이야기를 나누었을까.

4. 어바웃타임(About Time)

시공간을 이동하는 쾌감 vs 받아들여야 하는 숙명

시행착오를 줄이기 위해 같은 상황을 여러 번 체험하는 주인공 팀. 그를 보며 어떤 게 옳은 선택인지 재고 있는 나를 발견한다. 신중한 선택과 실천의 과감함을 잘 버무려야겠다.

5. 가을의 전설(Legends of the Fall)

러드로우 가문의 이야기. 지성과 지혜를 겸비한 첫째 아들과 본능과 직감으로 움직이는 둘째 아들. 그들이 같은 상황을 두고 다르게 대처해 가는 모습을 보며 나라면 어떻게 할지 동참하게 만든 영화. 높은 산맥, 광활한 초원, 그 위를 힘차게 달리는 말 무리들의 웅장한 자연을 담은 영상미 그리고 브래드 피트.

많은 사람들이 인정했다, 분야별 드라마 3

의학	그레이 아나토미 (Grey's Anatomy) 하우스 (House) 널스 재키 (Nurse Jackie)
법정	수츠 (The Suits) 보스턴 리갈 (Boston Legal) 앨리맥빌 (Ally McBeal)
정치	하우스 오브 카드 (House of Cards) 뉴스룸 (The Newsroom) 웨스트윙 (The West Wing)
수사	프리즌 브레이크 (Prison Break) 멘탈리스트 (The Mentalist) 셜록 (Sherlock)
학교	가십걸 (Gossip Girl) 베로니카 마스 (Veronica Mars) 메이킷 오어 브레이킷 (Make it or Break it)
시트콤	프렌즈 (Friends) 풀하우스 (Full House) 빅뱅이론 (The Big Bang Theory)
기타	로스트 (Lost) 왕좌의 게임 (Game of Thrones) 밴드 오브 브라더스 (Band of Brothers)

07 팝송을 듣고 외워보자

어느 겨울날, 밖은 눈으로 가득했다. 집안 거실에 햇빛이 가득 들어와 있다. 밖에서 친구들과 놀고 집에 와서 거실 쪽을 보았다. 누나가 있었다. 전축 앞에서 테이프를 되감았다 듣기를 반복하고 있었다. 손에는 영어 책이 들려 있었다.

'굿모닝 팝스'라고 들어봤을 것이다. KBS 라디오에서 아침 6시에 들려주는 영어교육방송이다. 아버지는 아침이면 그 방송을 틀어 놓으셨다. 당시 고등학생이 될 누나 때문이었는지, 본인도 영어를 잘하고 싶으셨던 건지는 모르겠다. 난 아침에 그걸 들으면서 하루를 맞이했다.

1990년대 '굿모닝 팝스'의 주제는 총 3개였다. 대화, 팝송, 영화이다. 매달 발행하는 교재에 그 달의 팝송이 실려 있는데, 누나는 테이프에 방송을 녹음하고 그것을 반복한 것이었다.

Boyz II Men의 1집 앨범은 누나가 사온 것이었다. 케이스 안에 들어 있던 가사를 보면서 노래를 들었다. 자주 듣다 보니 반복하고 싶은 노래가 생겼다.

'End of the Road'. 그들의 호소력 짙은 목소리를 계속 반복해서 들었다. 귀에 들리는 대로 영어가사를 보고 따라 했다. 정확한 발음도 몰랐고 알려고 하지도 않았다. 그저 귀에 들리는 대로 따라 했다. 내가 아는 단어만 내 방식으로 우겨넣어 따라 불렀다.

빠르게 감기와 되돌리기를 반복했다. 나중에는 특정부분이 늘어나버려 음성이 변조된 것처럼 들렸다. 그 정도로 듣고 나니 노래 하나가 외워졌다.

영어로 노래할 수 있다는 느낌이 좋았다. '나, 영어로 노래한다'는 느낌을 온몸으로 발산했다. 그때부터 '영어 근자감'이 생겼다.

영어에 대한 근거 없는 자신감. 학창시절 난 '영어만큼은 잘해.'라는 믿음이 있었다. 어학원을 특별히 다닌 것은 아니었지만 영어는 잘한다고 믿었다. 다른 과목의 성적보다 훨씬 좋았기 때문이다. 그래서 가끔 생각해본다. 내가 어렸을 때 어학원을 다녔다면 지금쯤 난 무엇을 하고 있을까.

확실히 우리말 노래와 팝송을 외우는 데 걸리는 시간은 다르다. 우리말이 아닌 만큼 시간과 에너지를 더 집중하게 된다. 그리고 그렇게 집중한 만큼 기억에 오래 남는다. 그 영향인지 일상 중에 팝송을 흥얼거리는 나를 발견하기도 한다. 자연스럽게 반복하는 신비, 삶이 풍요로워지는 기분, 노래에서 비롯되는 것 같다. 팝송을 외우는 게 영어공부에 도움이 되는 이유가 무엇일까? 난 그 이유를 3가지로 꼽는다.

첫 번째. 목표가 생긴다. 그것도 달성 가능한 작은 목표다. 목표가 작을수록 행동으로 옮기는 시간이 짧아진다. 실천하기 쉽다는 것이다. 머릿속에서 이미 구체적인 상상을 하기 때문이다. 수많은 자기계발 책에서 말하고 있지 않은가. 목표를 나누고 또 나누라고. 우리도 '팝송 한 곡 외우기'를 목표로 삼아보자.

선곡은 드라마처럼 똑같이 하면 된다. 드라마의 주제 선택이 '재미'였다면, 팝송은 '따라 부르고 싶은 것'으로 정하자. 자주 들었던 노래도 좋다. 귀에 익숙한 만큼 어떤 부분의 가사는 쉽게 들릴 것이다. 눈으로 가사를 확인하면 훨씬 기억하기 쉽다. 그렇다고 가창력의 기준으로 선곡을 제한하지 말자. 한 키를 낮추어 불러도 되니까.

팝송 하나를 외우는 이유는 '성취감'에 있음을 강조한다. 두 번째, 세 번째 노래로 가기 전에 '해냈다'는 사실이 선사하는 기쁨을 먼저 만끽하자. 다음 노래를 외우게 하는 선순환의 고리를 만들어가자.

두 번째, 노래는 반복된다. 기분이 좋을 때는 절로 흥얼거리게 되기 때문에 선곡할 때에는 나에게 힘을 주는 가사인지 생각하자. 노래의 힘은 막강하기 때문이다. 머리에 저장된 순간부터 쉽게 떠나질 않는다. 뇌뿐만 아니라 잠재의식에도 자리 잡기 쉽다는 이야기다.

어떤 이들에게는 '위로'가, 어떤 이들에게는 '즐거움'이 키워드가 될 것이다. 들었을 때 신나거나 들떠 있으면 하루가 그 영향을 받게 된다. 본인이 원하고 바라는 모습을 쉽게 그릴 수 있는 노래를 선택해보자. 노래 1곡이 머릿속에 있다는 것은 저절로 학습되는 공부나 마찬가지다. 긍정적인 메시지를 반복해보자.

마지막으로 멋스러운 발음이다. 음악가, 국적과 지역에 따라 발음이 다르다. 그러나 노래를 들을 때 만큼은 온전히 음악가의 스타일을 따라 하자. 글자에서 글자로 넘어갈 때, 단어와 단어를 이어줄 때 특히 귀를 기울이자. 연이어 발음되는 연음이 훈련될 것이다. 이는 자연스러운 문장 읽기로 이어진다.

연음은 글자 그대로의 발음이 아니다. 자연스러움을 극대화하는 훈련으로 최대한 원어민같이 발음하는 것이다. 딱딱 끊어 읽는 게 아니라 자연스럽게 이어주는 교량 역할을 연음이 해준다. 우리말의 발음을 예로 들면 이해가 쉬울 것이다. '주먹빠블 마시게 머거따.' 읽으면서 뜻을 알지 않는가.

카페에서 아는 팝송이 나온다. 나는 더 신난다. 우리말 노래도 신이 나지만 팝송은 더 신난다. 신기한 노릇이다. 왜 그럴까. 내가 그만큼 애정을 기울였기 때문이다. 자주 보고 자주 쓰다듬으면 강아지만 날 좋아해주진 않을 것이다.

노래, 팝송, 드라마. 이들은 우리 인생의 축약형이나 다름없다. 사람이 살아가는 형태를 다룬다. 사람인 우리는 감정 이입을 하게 된다. 그중 음악은 짧지만 강하다. 노래에 메시지를 전부 담을 수 있다니 신비롭다.

언어의 측면만 보자. 노래 한 곡일뿐이지만 우리가 듣는 노래에는 인생이 담겨 있다. 같은 노래를 들어도 우리가 처한 상황에 따라 다르게 들리기도 하는 것이다. '말 한마디가 사람을 바꾼다.'라는 말을 단어와 어투 때문이라고, 상황과 의도 때문이라고, 어떻게 콕 짚을 수는 없다. 받아들이는 사람의 상태가 가장 중요한 것이니까.

노래 한 곡에는 가수의 온 에너지가 들어가 있다. 수차례의 수정을 거듭하고 감정을 불어넣어 만든 것이다. 괜히 노래가 사람에게 힘을 주거나 울적하게 만드는 게 아니다. 그러므로 나에게 힘을 주는 노래를 선택해야 한다. 팝송 하나를 외워보자. 저절로 뇌가 흥얼거리게 될 것이다.

감동은 기본, 입에 붙게 하는 마법, 팝송 하나 외워보자

1. The Lion King – OST

Circle of Life

I just Can't Wait to be King

Hakuna Matata

Can You Feel the Love Tonight?

2. Beauty and the Beast – OST

Be Our Guest

Something there

Belle

Gaston

Beauty and the Beast

3. Boyz II Men

One Sweet Day

End of the Road

I'll Make Love to You

Relax Your Mind

4. Rap

Jay Z — Empire State Of Mind

Nas — If I rule the world

Eminem — Lose Yourself

50 Cent — Twisted

Puff Daddy — I'll be Missing You

The Notorious B.I.G. — Sky's the Limit

2Pac — Changes

08 유튜브와 친해져라

호텔 라운지에 있는 듯한 느낌을 만끽하고 싶은가. '호텔 음악', '라운지 음악'을 검색해보라. 드라마 영어해설을 듣고 싶은가. '드라마' 혹은 '영어 공부'를 검색해보라. 아이들에게 줄 선물이 걱정되는가. 검색해봐라. 어디에서? 유튜브에서!

전 세계 사람들이 다 모여 있다. 모든 게 다 있다. 모르는 게 있다면 유튜브로 가보자. 거의 모든 것을 해결할 수 있을 만큼 많은 노하우들이 있다. 실로 놀라운 채널이 아닐 수 없다. 원하는 정보를 영상으로 확인할 수 있기 때문이다. 영상은 글자나 사진보다 정확하고 빠르다.

4차 산업혁명시대에 살고 있는 요즘 우리에게 유튜브는 정말 유용하다. 우리의 생활을 편리하게 해주기 때문이다. 검색 한 번으로 신속하게, 검증되고 다양한 콘텐츠를 확인할 수 있다. 그렇다면 영어공부와 유튜브는 무슨 관계가 있을까.

유튜브로 하는 혼자 영어 공부법

나는 유튜브에서 〈강쌤 혼자영어TV〉라는 채널을 운영하고 있다. 예명은 '강쌤'이다. 처음 시작할 때는 본명을 사용했는데, 부르기 쉬운 이름으로 바꾸라는 조언을 듣고 바꿨다.

유튜버로 활동하다 보니 다른 영상도 눈여겨보게 된다. 그중에서도 '영어'관련 콘텐츠를 눈여겨본다. 유튜브는 영어 공부하는 데 편리하다. 유튜브로 영어공부하면 장점이 있다. 그중 3가지를 살펴보겠다.

첫 번째, 접근이 편하다. 간단하게 스마트폰으로 유튜브 아이콘을 터치한다. 보고 싶은 영상의 키워드를 검색하고 원하는 영상을 클릭한다. 그 후 시간의 여유가 있다면 영상을 시청하고, 그렇지 않으면 소리만 청취한다.

유튜브는 영상 컨텐츠들이 모여 있는 곳이지만 라디오처럼 듣기만 하는 사람들도 많다. 씻고 있을 때, 옷 입을 때 영어방송을 틀어놓고 보거나 듣자.

언어는 적극적인 반복이 최고이다. 말하고 쓰는 것이다. 그러나 꾸준히 공부하는 게 쉽지 않다면 유튜브를 틀어놓고 영어에 스며들어보자.

개인적으로 '영어 동기부여' 혹은 'Motivate', 'Motivation'을 키워드로 검색해보기를 추천한다. 그러면 동기부여 강연가나 헐리웃 유명 배우의 음성이 나올 것이다. 영상은 주로 '성취'에 대한 자유, '매일의 훈련'에 관한 것이다.

이런 영상을 볼 것을 권유하는 이유가 있다. 말하는 사람의 음성이 굉장히 또박또박하다. 사람들 내면에 있는 의욕을 불러 일으켜야 하기 때문이다. 그래서 영상을 보면 또렷하게 들리는 영어단어들이 꽤 있을 것이다. 영상을 본 이후에 한껏 고취된 행동은 덤으로 얻어가자.

두 번째, 말하는 사람의 표정과 제스처를 볼 수 있다. 미국에는 토크쇼가 많다. 유튜브 검색어로 '토크쇼' 혹은 'Talkshow'를 검색해보자. 외국인 특히 미국인들만의 특정 제스처를 볼 수 있다. 그들은 온몸으로 표현한다. 환하게 웃거나 박장대소하고, 심지어 쇼파 위에 올라가는 것도 서슴지 않는다. 어쩜 그럴 수가 있는지 보고 있는 내가 화끈거릴 때도 있다. 하지만 그들의 솔직한 감정 표현이 내게 확실히 도움이 된다. 나만의 스타일로 접목시키면 되기 때문이다. 강의할 때, 유튜브 촬영할 때 도움이 많이 된다. 아차, 구독했는가.

세 번째, 유튜브는 영어드라마를 시청하기가 쉽다. 감동적이거나 인기 있는 부분만 편집한 동영상이 많이 있다. 좋아하는 드라마의 특정부분을 학습목적으로 반복해서 보자.

이처럼 유튜브는 영어공부에 활성화, 최적화되어있다. 이미 많은 콘텐츠들이 마치 우리를 기다리고 있는 것 같다. 과거 인터넷이 '정보의 바다'라고 불렸다면 유튜브는 '컨텐츠들의 우주'라고 하면 될 것 같다. 우리에게 필요한 것은 우리에게 힘이 되어주는 것을 선별하는 것이다.

일반인 유튜버로서 유튜브에서 배우고 있는 점이 있다. 전 세계인들이 함께하는 유튜브의 3가지를 눈여겨보자.

첫 번째, 유튜브를 운영하고 있는 사람은 일반인이다.

어떤 사람들은 이렇게 이야기한다. '예쁜 얼굴을 보려면 TV나 영화를 보고, 정보를 얻고 싶으면 유튜브를 봐라.' 맞다. 유튜브는 문제해결을 위한 컨텐츠로 정말 가득하다.

나는 많은 유튜버들 중에서도 게임 유튜버들을 달갑게 보지 않았다. 성인으로서 나는 게임을 거의 하지 않을 뿐더러 좋아하지도 않기 때문이다. 그런데 나의 아들이 초등학생이 되니까 게임을 요구하는 게 부쩍 늘었다. 나는 가르치는 게 직업이다 보니 주로 안 된다고 말한다. 그러나 여러 가지 이유로 게임을 허락할 때가 있긴 하다.

아들이 게임하는 것을 함께 볼 때가 있다. 옆에서 보고 있으면 나도 모르게 '이럴 때는 이렇게 해야지.'라며 아쉬운 마음에 훈구를 두게 된다. 주로 같은 실수로 다음 레벨로 가지 못하기 때문이다. 아들이 유독 짜증과 실망을 표현하는 때이기도 하다. 아빠로서 해결해주고 싶은 마음이 몇 번이고 든다. 그 과정을 지켜보기가 쉽지 않다.

언젠가는 아들이 게임시간에 유튜브 영상을 보고 있었다. 내가 그렇게 좋아하지 않았던 게임 관련 영상이었다. 아들이 보는 영상을 자세히 들여다보았다. 아들은 본인의 레벨을 개선하려고 보는 것으로 영상을 만들어준 유튜버에게 감사해했다. 그 유튜버는 구독자 수가 많지 않은 일반인이었다.

두 번째, 유튜브에 올라온 영상은 편집된 영상이다.

기존 영상을 짧게 자르거나 그 위에 자막을 입히는 것이다. 이것 또한 일반인에 의한 편집이 대부분이다. 어떤 영상은 방송국에서 한 편집 못지않다.

나도 영상을 편집한다. 우리학원 학생들이 매달 영어로 발표하는 시간이 있다. 그 다음 달에 아이들에게 보여주려고 영상을 편집한다. 친구 아들이 돌이 되었을 때 영상을 만들기도 했다.

내가 만든 영상은 스스로 만족한다. 그러나 다른 영상들과 비교하면 퀄리티가 높지 않다. 그래서 영상들을 보며 '타이밍' 부분에 대해 많이 배우고 있다. 언제 자막을 넣는지, 언제 음악을 넣어야 하는지 말이다.

세 번째, 유튜브의 영상에는 메시지가 있다.

어떤 이유에서 영상을 올렸고, 전하려는 말이 무엇인지 이해해보자. 눈이 가는 유튜브 영상들이 있다. 내게는 두 가지 경우가 있다. 끌리는 제목이거나 영상 속의 내용의 흐름이 좋을 때이다. 후자의 경우는 영상이 끝날 때까지 듣고 있는 경우가 대부분이다. 유튜버, 그들 자신의 경험담이기 때문이다. 나도 모르게 궁금한 나머지 계속 듣게 되는 것이다. 그이야기에는 진심이 담겨 있다. 그것을 통해 내가 얼마나 감사한 환경에 있는지 느끼기도 한다. 더불어 내가 무엇을 해야 하는지도 자극받는다.

유튜브와 친해져라. 정보의 양에서 두뇌회로만큼이나 방대하고 첨예하다. 전 세계인들이 올린 영상으로 '영어공부'도 편하게 할 수 있다. 영어공부가 목표인 사람들은 영어영상을 틀어놓는 것만으로 듣기환경에 노출될 수 있다. 씻을 때 틀어놓는 것만으로도 시간을 절약한다.

일반인들의 장인 것도 기억하자. 사람들이 갖고 있는 장점과 경험담을 들어보는 것이다. 단 셀 수 없이 많은 정보가 있는 만큼 우리에게 힘이 되는 것을 선별해야 한다.

‘Success(성공)’, ‘Morning(아침)’, ‘Motivation(동기부여)’으로 검색
한 유튜브 채널 7

〈Success Archive〉

〈Be Inspired〉

〈Your Universe〉

〈daily MOTIVATION〉

〈Motiversity〉

: 여러 동기부여가의 연설과 거기에 어울리는 영상이 어우러짐

〈Habits of the Wealthy〉

: 음성만을 지원, 주로 유명인의 연설(마윈, 짐 론 등)

〈Team Fearless〉

: 음성만을 지원, 생동감 있는 자막제공

3

영어가 될 수밖에 없는
환경을 만들어라

"Stay hungry, Stay foolish."

− 스티브 잡스

01 영어를 쉽게 접할 수 있는 환경을 만들어라

태어났더니 미국인

초등학교 때 '내가 미국인이었으면' 하고 생각한 적이 있다. 나라도 부유하고 영어도 잘할 테니 그렇게 되고 싶었다. 그렇다면 하루의 패턴이 이렇지 않을까.

아침에 일어났더니 어머니께서 이렇게 말씀해 주신다.

"Good morning, my son." (잘 잤니, 내 아들.)

학교에 갔더니 같은 반 친구들 중 한 명이 말한다.

"Can you come to my house after school?"

(학교 끝나고 우리 집에 올 수 있어?)

친구 집에 가는 길에 빵집에 들러 먹음직스러운 케이크 하나를 구입한다. 빵집을 나서는데 아무리 생각해도 함께 먹기에 너무 작다. 다시 빵집으로 돌아가서 사장님께 말씀드린다.

"I'd like to exchange this cake into a bigger one."
(이 케이크을 더 큰 것으로 교환하고 싶습니다.)

빵집 직원이 케이크를 바꾸는 사이 나는 정면을 바라본다. 재미있는 문구가 걸려 있다.

'Let's face it, a good, creamy chocolate cake does a lot for a lot of people.' (우리 인정하자, 부드러운 초콜릿 케이크 하나가 많은 사람들에게 많은 일을 해준다는 것을.)

그 밑에 이름도 적혀 있다. 'Audrey Hepburn(오드리 헵번)'.

집에 돌아와서도 친구들과의 생일 파티가 생각난다. 나도 모르게 입꼬리가 올라간다. 그 느낌을 놓치고 싶지 않아 일기장에 적기 시작한다.

'It was fun to have the birthday party at my friend's house today.'

(오늘 친구 집에서 생일파티를 했던 것은 재미있었다.)

벌써 외국에 온 느낌이 들지 않는가. 영어권에서는 말하고, 듣고, 읽고, 쓰는 것을 영어로 한다. 주변의 언어 환경이 전부 영어이다. 한국의 환경은 어떠한가.

한국인은 한국말을 잘한다

한국인이 한국말을 잘하는 데에는 다 이유가 있다. 우리가 태어날 때부터 자란 환경을 떠올리면 알 수가 있다.

우리나라에서는 초등학생이 되면 학교에 가야 한다. 영어를 가르치다 보니 '왜 초등학교를 8세 때 보내는지'를 체감한다. 모국어의 형성시기가 6세에서 8세 사이에 폭발적으로 이루어지기 때문이다. 그래서 대부분의 유치원에서 7세 때 아이들에게 한글을 가르치는 것이다.

초등학생 시절이 기억나는가. 나는 아침이면 빨리 일어나라는 어머니의 외침으로 하루를 시작했다. 학교에서 친구들과의 대화, 초등학교 교과서에 나오는 기초 한글 단어들, 다양한 방송의 TV 채널. 눈을 뜨고 잘 때까지 접하는 언어는 한글이었다. 한국에서는 그렇다. 우리말을 잘할 수밖에 없다. 우리말을 하지 않으면 살 수가 없는 것이다.

그러면 외국에 나가서 살면 외국어를 잘하게 되지 않을까. 맞다. 영어를 잘하고 싶다면 미국에서 일상생활을 하면 된다.

"유학은 언제 가면 좋나요?"

간혹 학부모 상담 때 받는 질문이다. 그러면 나는 이유를 묻는다.

"혹시 유학을 왜 가는지 여쭈어도 될까요, 가야 하는 상황인가요?"

유학의 여부를 묻는 학부모님들은 자녀의 언어만 생각하는 경우가 대부분이다. 먼저는 가야 하는 이유를 명확하게 해야 한다. 그리고 초중생 아이들을 유학 보낼 때 고려해야 할 것이 있다. 기간과 적응, 향후 진로이다.

첫 번째는 '기간'이다. 아이들이 문화와 언어, 학교 친구들과 적응하는 데는 보통 1년은 지나야 한다. 그 1년은 영어로 의사소통이 가능해지는 적응 시간이라고 보면 된다.

처음 현지에 도착하면 달라진 환경에 익숙해져야 한다. 초반에 학교에서 친구들과 말이 통하지 않으면 아이들은 답답해한다. 또래들끼리의 주고받는 인정이 있는데 소통이 쉽지 않은 것이다. 잘 지내고 싶은 마음과 이질적인 환경이 충돌될 때 아이들은 예민하게 반응한다. 따라서 보호자가 옆에 있어주는 게 중요하다. 친부모와 함께 가는 것이 가장 좋다.

그런 의미에서 언어 습득만이 목표인 단기유학은 다각도로 생각해 봐야 한다. 불편한 시기를 거쳐 기껏 현지에 적응했는데 한국에 오면 다시 적응기간이 필요하다. 그러면 아이들은 더 혼란스럽다. 사춘기일 경우에는 특히 재고되어야 한다. 유학의 목적이 언어인지, 경험인지 정확히 하자.

두 번째는 '향후 진로'이다. 현지에서 성장하여 직업을 선택해야 하는 상황이 왔다고 해보자. 취업하기 위해 이력서를 냈고 면접까지 보았다. 당신이 외국인 사장이라면 한국인을 선뜻 뽑겠는가. 동등한 조건이라면 외국인보다 현지인을 뽑지 않을까. 유학을 보내야 한다면 아이들의 '적응기간'과 '향후진로'를 함께 고려하자. 그러나 언어가 목적이라면 걱정하지 말자. 한국인은 어떤 언어든지 자유롭게 구사할 수 있는 '축복받은 혀'를 가지고 있으니까.

오늘도 부모님은 우리말로 말씀하실 것이다. 친구들도 마찬가지다. 빵집 사장님도 영어 대신 우리말로 된 명언을 벽에 걸어놓지 않으셨을까. 그러나 그런 익숙한 환경이 아닌 영어를 쉽게 접할 수 있는 환경을 만들어야 한다. 우리말로 말하고 듣고 읽고 쓰는 한국에서 영어를 공부해야 하기 때문이다. 전략적으로 접근하면 국내에서도 충분히 가능하다. 여러 가지 방법을 3장에 제시해놨으니 하나씩 실천해보자.

영어가 되는 환경은
따로 있다

이제 막 초등학생이 된 아들이 있다고 하자. 그의 아빠는 아들이 의사가 되길 바랐다. 아빠는 아들의 직업이 어릴 때부터 정해지길 원했다. 아들이 의사가 되길 원한 것이다. 아들의 생일이 되었을 때 그는 청진기를 선물했다. 미래의 의사에게 준다는 생각이었다. 아들은 선물을 받고 기뻐했다. 아들이 청진기를 가지고 놀 때면 아빠는 그 모습을 보면서 기뻐했다. 어느 날 아빠는 아들의 모습을 보고 깜짝 놀랐다. 청진기의 가슴에 대는 부분을 잡고 아들이 입에 대고 이렇게 말하는 것이었다.

"호박엿이 왔어요. 호박엿이 왔어요. 입에 달라붙지 않는 호박엿, 한 팩에 삼천 원, 한 팩에 삼천 원에 모시겠습니다!"

이런 이야기는 있을 법한 일로 당사자는 마냥 웃지는 못할 것이다. 그러나 우리가 지금 말하고 있는 것은 자주 보거나 자주 듣는 말들이다. 우리가 처한 언어의 환경을 확인해야 한다. 영어가 되는 환경인지, 호박엿을 말하게 되는 환경인지.

환경을 지배하는 편인가, 환경에 지배당하는 편인가

요즘 초중생들은 방학을 이용하여 외국에 다녀온다. 방학 어학연수라 하여 1개월 안팎의 프로그램을 이용한다. 필리핀이나 호주 등 영어로 생활이 가능한 곳으로 간다. 그런 환경을 'English as a Second Language' 환경(이하 ESL 환경)이라 부른다. 그곳에서 영어는 '제2의 언어'이다. 외국어가 아니라는 이야기다. ESL 환경에서는 듣고 말하고 읽고 쓰는 과정이 영어로 이루어진다. 영어의 노출이 자연스러운 것이다.

우리나라는 EFL 환경이다. EFL은 'English as a Foreign Language' 의 약자로 '외국어로써의 영어'를 말한다. 한국에서 영어는 외국어다. 한국에서는 한국말로 생활이 가능하기 때문에 영어를 외국어로 분류한다.

우리에게 모국어는 한국어이고, 영어는 외국어이다. 우리는 E.F.L 환경 속에 살고 있는 것이다. 우리의 주변 환경은 영어를 학습하기에 최적화된 곳이 아니다. 그렇기 때문에 우리는 보는 환경, 습관의 환경, 생각의 환경에 신경을 써야 한다.

첫 번째는 우리가 보는 환경이다. 귀는 귀마개를 사용할 수 있다. 입을 열지 않을 수 있다. 그러나 수면할 때를 제외하고 눈은 계속 뜨고 살아간다. 그래서 우리가 무엇을 바라보는지가 중요한 것이다. 그렇다면 영어를 공부하는 데 눈으로 보는 환경이 왜 중요할까?

"여러분, 자녀들이 매일 책을 읽기를 원하시죠?"
"네."
"그러면 여러분들은 책을 읽으시나요?"
"…."

어느 강연가가 한 질문이다. 이 질문은 독서에만 국한되는 것은 아닐 것이다. 이 강연가는 자녀교육에서 가장 중요한 핵심을 짚었다. 자녀에게 바라는 모습이 있다면 먼저 그 모습을 보여줘야 한다. 아이의 입장에서는 공부하라는 말을 듣는 것보다 부모님의 공부하는 모습을 보는 게 더욱 위력적이다. 엄마 아빠가 직접 영어로 표현하려는 모습, 새로운 영어단어의 뜻을 찾는 모습이 필요하다. 아이는 그런 부모의 모습을 볼 수밖에 없다.

성장시기의 차이로 인해 부모를 모방하는 시기가 서로 다를 수 있다. 그러나 부모가 직접 보여주는 것은 둘 다 이기는 전략이다. 아이가 따라하지 않더라도 부모는 공부가 되는 것이기 때문이다. 그러나 그것으로 끝나지 않는다. 부모가 공부하는 모습에 열의가 느껴지면 그 온기는 자연스럽게 아이에게 전해져 그 결실은 언제든 반드시 나타난다. 나는 그렇게 믿는다.

부모가 보여주는 모습을 우리의 환경이라 한다면 아이인 우리가 눈으로 매일 무엇을 바라보고 있는지는 매우 중요하다.

두 번째는 '습관'의 환경이다. 습관이란 주변이 아닌 내 안의 환경을 말한다. 내 안의 꾸준함의 의지가 외부로 표출되는 것이다. 대표적으로 '운동'을 예로 들 수 있다. 꾸준한 운동의 결과는 겉으로 드러나기 마련이다. 운동을 조금이라도 해본 사람이라면 공감할 수 있을 것이다.

불과 4년까지만 해도 운동을 특별히 하지 않았다. '운동을 해야겠다'는 마음을 부담으로 끌어안고 있었다. 나는 운동을 매일 못하게 될 것 같다는 두려움이 있었다. 여러 번 실패했던 스스로의 과거에 빗대어 시도하기도 전에 실패를 예약했다.

2017년 여름이었다. 이대로는 안 될 것 같았다. 계단을 오르면 숨이 차고 피로함은 쏟아졌다. 해야 할 것들이 쌓이고 정리되지 않은 느낌으로 꽉 차 있었다. 결국 무언가라도 해야겠다는 마음으로 운동을 결심했다. 대신 중간에 실패하더라도 나 자신을 꾸짖지 않기로 했다. 더 이상 무기력을 내 인생에 받아들이지 않겠다고 마음먹은 것이다. 다음 2가지를 되뇌었다.

'운동 시간이 부담되어서는 안 된다.'
'시작은 내 능력의 반으로 하자.'

이를 닦으면서 화장실의 욕조를 보았다. 욕조에 손바닥을 올려놓고 팔굽혀펴기를 했다. 하루에 3개씩. 20대 때만 하더라도 100kg 가까이 벤치 프레스를 들었지만 옛날의 나는 지금의 나가 아님을 스스로 인정했다.

'아, 더 하고 싶다.'라고 생각하면서 매일을 3개씩 했다. 한 달이 지났을 때는 10개, 지금은 30개를 1세트로 묶어 100개 이상씩 하게 되었다. 비결이 무엇일까.

이제부터 vs 이제라도

꾸준함의 비밀을 언어로 표현한다면 나는 '이제라도'라고 말하고 싶다. 많은 새해목표를 세우고도 실천하지 못하는 이유는 '이제부터'로 시작했기 때문이 아닐까. 지켜야 할 목표들이 시간이 지나면서 서서히 짓누르기 시작한다. 돌멩이에서 바윗덩이로 돌변하여 마음을 무겁게 한다. 스스로에게 거짓말을 한 느낌이 든다. 그때 '그래, 어차피'라는 생각이 스물스물 올라온다.

하지만 '이제라도'는 조금 다르다. 글자 자체에 간절함이 묻어 있다. 비록 많은 양을 한꺼번에 시작하지 못할 지라도 조금이라도 시작하게 해준다. 내가 현재의 팔굽혀펴기 100개 이상씩을 해내고 있는 것은 '매일 조금이라도' 정신에서 비롯되었음을 말하고 싶다. 단 3개! 그것도 바닥이 아니라 욕조를 붙잡고 시작했다. 적게라도, 작게라도 해보자. 시작은 미약했으나 곧 창대해지리라.

03 영어공부 중에 절대 하지 말아야 할 것

실패한 사람들의 이유는 다양하고 성공한 사람들은 대부분 비슷한 과정을 거쳤다. 영어공부에서 하지 말아야 할 것은 무엇일까? 다음 5가지를 반면교사로 삼아보자.

첫 번째, 영어를 우리말처럼 발음한다.

한글은 과학적인 언어이다. 그도 그럴 것이 자음과 모음이 만나면 내는 소리가 정해져 있다. 그렇기 때문에 단어 안에서 내는 글자의 발음은 같다. 예를 들면 '수'라는 글자는 '수면', '우수', '수영' 등 단어 안에서 발음되는 소리는 '수'로 다 같다. 그러나 영어는 다르다.

영어철자의 발음은 단어마다 바뀐다. 한글식 표기 방법으로 단적인 예를 들어 보겠다. '대다수, 과반수'를 뜻하는 'Majority'는 '머저뤄티'라고 발음된다. 같은 어원인 'Major'의 발음이 '메이저'라고 발음되는 것과 다르다. 철자만 보고 발음하면 안 된다는 말이다. 그래서 사전에 있는 발음 기호를 참고해야 한다. 발음기호는 사전에 등재되어 있는 만큼 신뢰할 만한 전 세계인들의 약속이라 할 수 있기 때문이다.

두 번째, 영어를 듣고서 나만의 방식대로 소리 낸다.

언어의 습득 방법 중 하나가 '모방'이다. 원어민 혹은 영어듣기 파일을 듣고 그대로 따라 하는 방법이다. 학생들을 통해서도 느낀다. 귀에 들리는 소리를 듣고도 본인만의 방법으로 읽는 것이다. 언어의 반복과 훈련 차원에서 안하는 것보다는 낫다. 하지만 모방의 차원에서 보면 상당히 돌아가는 방법이다. 잘못된 발음이 수정되지 않으면 내가 알고 있는 단어도 잘 안 들릴 수가 있다.

해외 어학연수가 끝나는 마지막 주에 어떤 사람들은 숙소에서 안 나온다고 한다. 방 안에서 듣기 연습을 하고 있다는 것이다. 귀국할 즈음 스스로의 실력을 자각했기 때문일 것이다.

시간이 지나도 실력이 크게 늘지 않는다면 귀에 들리는 그대로 흉내 낸다는 마음으로 모방해보자.

세 번째, 우리말 순서로 영어를 이해한다.

우리말은 결론이 나중에 나오지만 영어는 초반에 나오는 편이다. 어순, 즉 말의 순서가 서로 다르다. 이 부분을 이해하지 못하면 영어를 들고 말할 때 한글식으로 이해해버리기 쉽다. 한글식 순서로 영어에 접근하면 핵심내용을 알아내기가 여간 쉽지 않다.

그러면 영어문장을 읽고 해석할 때 시간이 더디다. 앞, 뒤 시선의 이동으로 바쁘기 때문이다. 앞에서 주어(~는)를 보고, 뒤로 가서 목적어(~을)를 보고, 다시 앞으로 와서 동사(~다)로 맺을 것이다. 그런 식으로 영어문장을 들으면 가운데 내용은 이미 지나가 버리고 없다.

다행인 것은 영어식 어순 그대로 한글로 해석할 수 있다는 것이다. 한글에는 조사가 있기 때문이다. '~는, 을, 에게'와 같은 조사는 순서의 배열과 상관없이 의미를 전달해 줄 수 있다. 영어의 핵심내용이 초반에 나온다는 것을 기억하자.

네 번째, 영어공부만을 위한 시간을 만든다.

영어공부만을 위한 시간을 확보하는 일은 매우 중요하다. 그러나 확보되지 않았다고 영어공부를 안 하면 안 된다.

영어는 이슬비에 스며들 듯이 하는 게 가장 좋다. 가능하면 일상에서 자주 접할 수 있게 하자. 눈과 귀와 손을 가만히 놔두지 않는 것이다. 걸으면서 단어장을 보고, 버스나 지하철에서도 영어 듣기를 하는 것이다.

자투리 시간에 영어를 젖어들게 하면서, '시간은 쓸수록 늘어난다'는 신비한 체험을 하자. 의무감에서 오는 죄책감을 벗어나 영어를 일상생활에 녹여보는 것이다.

다섯 번째, 주변에 있는 사람을 만난다.

개인마다 다르기 때문에 오해하지 말고 들어주길 바란다. 감정변화의 요인은 대부분 사람이다. 그러므로 생산적이지 못한 일상적인 만남은 자제해야 한다. 나의 실력과 능력이 올라가면 그들에게 해줄 수 있는 것이 더욱 많아진다. 에너지와 시간을 아끼자. 나의 성장을 도모하는 데에 기꺼이 투자하자.

언어의 습득은 인생이다

영어를 공부하고 가르치면서 느끼는 게 있다. 언어는 삶을 사는 과정과 흡사하다는 것이다. 그 부분을 3가지 면에서 살펴보자. 난 숫자 3이 참 좋다.

먼저, 매일 밥을 먹는 것과 같다.

매일 밥을 먹지 못하면 에너지가 금방 소진된다. '밥이 보약이다.', '끼니 잘 챙겨먹어라.'라는 어른들의 말씀이 십분 이해되는 요즘이다. 제때 잘 먹는 것으로도 병원신세를 지지 않아도 되는 것이다.

영어도 때가 되면 일정량을 공부하는 것이 제일 좋다. 단기간에 왕창 공부하는 것과 비교하면 더욱 그렇다. 영어시험점수를 목표로 한다면 요령을 습득하면 된다. 그러나 내 생각을 영어로 표현하는 데는 매일의 꾸

준함이 필요하다. 언어의 일정한 학습은 건강을 위해 매일 끼니를 챙겨
먹는 것과 비슷하다.

두 번째로 매일 운동하는 것과 같다.

운동의 목적은 건강해지는 것이다. 몸이 건강해지면 에너지가 가득해
진다. 어떤 사람의 활기가 넘치는 인사 한마디로 그가 얼마나 많은 에너
지를 갖고 있는지를 알 수 있는 것이다.

일상의 중력을 버티고도 남은 근육량은 피로를 잊게 해준다. 신체의
단련으로 단단해지고 힘이 세진 근육이 있기 때문이다. 마찬가지로 습관
처럼 반복하는 영어공부는 힘을 갖게 해준다. 내 생각을 쉽고 빠르게 전
달할 수 있는 원동력이 되는 것이다.

마지막으로 매일 감사하는 과정이다.

'감사했을 뿐인데 어느새 부자가 되어 있었다.', '저의 성공은 매일의 감
사에서 왔습니다.'라는 말을 많이 들었을 것이다. '감사함'은 그 자체로 거
대한 힘을 가지고 있다.

반대로 생각해보자. 감사하는 상황이 있다면 반대의 상황도 있다는
이야기다. 성공자들은 어떻게 했을까? 그림자처럼 어두운 상황 속에서
도 빛을 생각하지 않았을까. 그렇다. 의식적으로 감사함의 환경을 조성

한 것이다. 영어도 그렇다. 언어 습득은 장기 레이스와 마찬가지로 하루 아침에 끝낼 수 없다. 매일의 모방과 반복, 훈련과 연습으로 완성해 가는 과정인 것이다.

사람마다 다양한 형태로 슬럼프가 찾아올 수 있다. 그때마다 의식적으로 우리가 목표로 하는 곳을 바라보자.

04 듣기 환경: 1,000시간 이상 들으면 귀가 뚫린다

'3,000시간 이상 들으면 귀가 뚫린다.'

영어 강사로 일하면서 접하게 된 문구다. '왜 3,000시간이지?' 출처를 알고 싶어 찾아봤다. 정답을 알아내지는 못했다. 그러면서 궁금해졌다. 왜 수치가 정해졌을까? 이내 주관적인 답을 내놓았다. 결승선이 있어야 힘차게 달리듯이 나름대로 마지막 선을 정해놓았으리라. 영어를 잘 해내고 싶은 마음이 빚어낸 결과는 아닐까.

그러면 3,000시간을 학습하려면 하루에 얼마나 듣기 연습을 해야 할까. 0을 하나 빼면 300이다. 1년 중 300일은 1시간 동안 듣기연습을 해야 한다는 것이다. 1년에 아까 빼놓았던 0을 붙이니까 10년이란 기간이 나온다. 명절과 휴가, 기념일 등을 빼고 1년을 300일로 가정해보자. 하루에 1시간씩 10년간 듣기에 집중해야 한다는 것이다.

그래서 목표를 잡아봤다. 3분의 1인 '1,000시간이라도' 듣는 것을 목표로 해보자는 것이다. 3,000시간을 목표로 달려가다가 쓰러지면 못 일어날 판이다. 올라가지 못할 나무라면서 합리화하기 쉽다. 하루에 '20분이라도' 듣기에 노출해서 우리의 듣기 환경을 조성해보자.

"지금 웃으시면 됩니다."

각국의 정상이 만나 정치현안들을 나누고 있다. 긴장감이 맴돈다. 나라를 대표하기는 자리이기에 단어 하나하나가 조심스럽다. 대표들 사이에 말을 통역해주는 동시 통역사들이 있다. 그런데 동시통역사 중 한 명이 깜짝 놀란다. 상대 측 대표가 농담을 건넨 것이다. 해석해버리면 농담의 의미 전달이 안될 터였다. 동시통역사는 지혜를 발휘했다. 그래서 자국의 대표에게 이렇게 전했다. '지금 웃으시면 됩니다.'

쓰기는 '표현'에 있어서 최고봉이라면 듣기는 '이해'의 최고봉일 것이다. 말하자마자 이해해야 하는 타이밍이 중요하기 때문이다. 그런 의미에서 동시통역사는 언어의 마술사라 불릴 법하다.

영어듣기가 힘이 드는 원인은 3가지로 본다. **첫 번째는 영어를 다 알아들어야 한다는 부담감에서 비롯된 것이다.** 언어는 개인의 차이가 극명히 존재한다. 우리말도 대화중에 이해를 못하면 물어본다. 아니, 물어봐야 한다. 상대방도 실수할 수 있는 사람이기 때문이다. 안다면 아는 대로, 모른다면 다시 한 번 물어야 할 것이다. 도저히 못 알아듣는다면 모른다고 표현하는 것도 좋다. 상대방의 꾸지람과 알 수 없는 표정을 마주해야 하는 용기가 필요하긴 하다.

두 번째는 빠른 속도로 말하기 때문이다. 주관적인 관점에서 분당 들리는 단어가 유독 많다고 느끼는 것이다.

영어의 특성상 각 단어에는 강세가, 문장에는 어조가 있다. 강조점이 있는 부분은 귀에 잘 들리게 마련이다. 자주 듣다 보면 영어의 일정한 리듬이 들릴 것이다. 우리말도 그렇듯 영어에도 일정한 패턴이 있기 때문이다.

현지인과 대화할 때는 말하고자 하는 의도를 물어보면서 들어야 한다. 글자를 넘어 관계형성이 중요하기 때문이다. 제스처와 언어에 담겨진 온도를 확인하자.

마지막으로, 연음 때문이다. 글자와 글자, 단어와 단어 사이에는 연음이 있다. 영어는 물론이고 우리말에도 있지 않은가.

신입생 상담 때 이루어진 대화이다. 연음의 이해만을 돕기 위한 것이므로 실명을 거론하진 않겠다.

"단희보다 레벨이 더 낮게 들어가야 하나요?"

레벨테스트 결과 상담 온 친구는 꽤 잘한 편이었다. 하지만 단희 수준까지는 아니었다. 당시 단희는 우리 학원에서 세 번째로 높은 레벨에 속해 있었다. 신입생 상담이 끝나고 어머니는 학원 등록을 하고 가셨다. 난 그때까지도 몰랐다. 한 달 후에 열린 레벨별 세미나에서 알게 되었다. 그 어머니는 강단희를 말씀하신 게 아니었다. 외자 이름을 가진 '김단'을 말씀하신 거였다.

듣기의 최고 해법
상담 온 초중생들에게 물어본다.

"언어에는 4대 영역 즉 듣기, 말하기, 읽기, 쓰기가 있다. '받아쓰기'는 무엇을 훈련하는 걸까?"

대부분 쓰기라고 한다. 그러면 '맞다'고 한다. 잘 썼으면 맞았다고 하고 틀리면 수정하면서 보완이 되기 때문이다. 이어서 물어본다.

"잘 듣지 못하면 잘 쓸 수 있을까?"

받아쓰기는 가장 능동적인 듣기 훈련법이다. 누구보다 우리의 뇌가 열렬히 좋아한다. 받아쓰기는 다음과 같은 과정을 거치기 때문이다.

외부의 듣기 – 글자 쓰기 – 쓰면서 속으로 말하기 – 확인하고 수정하기 – 최종 듣기

연필을 손에 쥐고 써내려간다는 것은 적극적인 학습이다. 무엇을 받아써야 할까. 주저 없이 아는 단어, 아는 문장을 받아 적으라 하겠다. 알고있는 것이 정확해지는 시간이 될 것이다. 내가 익힌 단어나 문장의 정확한 강조점을 알아가면서 확실한 힘을 얻게 된다. 그대로 입으로 내보내면 말하기가 된다. 언어의 4대 영역은 그렇게 다 통하는 법이다.

"오늘 ○○○ 학원에 못 가요. 부상을 당해서요."

어제도 비슷한 전화 몇 통을 받았다. 전부 병원에 간다는 이야기로 결석을 한다는 전화였다. 그런데 스포츠 용어를 들은 것 같다. '부상이라니.' 며칠이 지나고 부상당한 학생을 보았다. 어디를 봐도 멀쩡해 보였다. 그 학생에게 물어보았다.

"이제 괜찮아?"

그 학생은 알 수 없는 표정을 보였다. 나는 어머니께서 전화로 해주신 이야기를 들려주었다. 그 학생은 이야기를 다 듣고 나서 이렇게 이야기했다.

"저 부산 다녀왔는데요."

눈이 번쩍 뜨였다. 그 어머니는 "부산에 가서요."라고 말씀하신 것이었다.

난 토종 한국인이다. 앞의 사례들처럼 '나는 얼마나 우리말을 잘 알아듣고 있는지' 반성하고 있다. 한편으로는 사람이니까 그럴 수 있다고 생각하며 너무 걱정하진 않는다. 우리말의 100%는 아니어도 98%는 알아듣는다. 한국에서의 생활도 가능하고 원활한 의사소통도 곧 잘 하는 편이다.

영어도 사람이 하는 말이다. 외국인이 실수할 수도 있고 내가 못 알아들을 수도 있다. 그럴 때에는 이해하고 싶다는 의지를 표현해보자. 뜻을 모르면 물어보자. 상대방이 '왜 이런 말을 하려고 하는지' 이해해보려 하자. 이해하려는 태도에서 진정한 듣기가 탄생될 것이다.

듣기 교재의 음성파일이나 유튜브 영상을 통해 하루에 '20분씩이라도' 듣는 환경을 조성해보자.

05

말하기 환경: 30만 번 이상 말하면 원어민처럼 말할 수 있다

한강의 기적

6.25전쟁이 끝나고 난 후에 우리나라의 모습을 사진으로 본 적이 있다. 사방이 모두 건물의 잔해로 둘러싸여 있고, 여기저기 모락모락 연기가 피어오른다. 그리고 사진의 한가운데에서 어린아이는 울고 있다. 전쟁의 참상이다. 그러나 100년도 되지 않았는데 우리나라는 이토록 눈부시게 발전했다. 과연 한강의 기적이라 할 만하다. 편리한 현대사회를 살고 있는 지금 우리는 선조들에게 감사해야 한다.

전쟁이 일어난 나라에서 생활이 가능할까. 당장에 이민이라도 가야 생활할 수 있지 않을까. 이민 가면 당장에 무엇이 걱정될까. 먹고살 수 있어야 하지 않겠는가. 먼저 말이 통해야 하지 않을까. 난생 처음 간 나라에서 어떻게 대화가 가능할까.

세계 2차대전 당시 미군은 유럽으로 파병을 보내고 있었다. 파병 가는 미군들은 독일군의 암호를 해독해야 했다. 그들은 정보 분석을 위해 독일어와 프랑스어를 구사해야 했다. 바로 전쟁터로 가야 했기 때문에 외국어를 단기간에 익혀야 했다. 그들은 6개월 만에 언어를 완성하고 전쟁터로 나갔다. 그런 이야기를 들으며 '인간에게 불가능한 게 있을까'라는 생각이 든다.

당시 미군의 외국어 습득 방식은 무식하리라 만큼 말하기를 거듭했다고 한다. 단어 하나를 정확히 발음할 때까지 수백 번 정도는 기본으로 말한 것이다. 그때 미군들이 외국어를 공부하기 위해 드라마나 영화, 팝송을 사용했겠는가. 독일어나 프랑스어를 듣는 대로 똑같이 따라 했을 것이다. 6개월의 소요시간으로 보아 하루 세끼 먹는 시간 빼고는 연습에 연습을 거듭했을 것이다. 역시 언어는 반복에서 피어난다.

군인들은 그렇다 치더라도 전쟁 피난민들은 어떻게 했을까. 그들은 타국에서 살아야 했다. 파괴된 조국에서 생활이 불가능했기 때문이다. 언어학자들이 외국에서 살아야 할 난민들을 위해 연구한 내용이 있다.

개인적으로 차이가 있지만 그 나라 환경에서 그 나라 말을 30만 번 이상 말하면 외국어를 구사할 수 있다고 한다. 쉽게 말해 독일어로 말하고 싶으면 독일에 가서 30만 번 이상 말하면 되는 것이다.

하루를 살아가면서 남자는 약 7,000-8,000개의 단어를 말하고 여자는 약 20,000개의 단어를 구사한다고 한다. 단순한 계산으로 외국에서 한 달 정도 살면서 말하고 볼 일이다. 하루에 10,000개의 단어를 30일 동안 구사하면 그 외국어를 구사할 수 있을 것이다. 살아남아야 한다는 간절함이 있다면 무엇인들 못 하겠는가.

꿈에서 영어로 말하다

확실히 꾸준한 아이들은 다르다. 인내심과 끝가지 해내려는 힘이 강하게 느껴진다. 매일의 숙제뿐만 아니라 말하기도 곧잘 해낸다. 그런 아이들의 숙제를 꾸준히 체크하다 보면 성인인 나도 많은 것을 느끼게 된다.

영어 말하기의 습관이 꾸준한 친구들에게 간혹 듣는 말이 있다.

"저 영어로 꿈꿨어요."

꿈에서 외국인을 만나 영어로 말하는 자신을 발견했다는 것이다. 얼마나 신기했을까. 한국인이 영어로 꿈꾸었다는 것은 체험해 본 자만이 알 것이다.

비록 어린이였을 때는 아니지만 나도 영어로 꿈을 꾸었던 적이 꽤 있다. 크게 두 종류다. 하고 싶은 말을 영어로 했을 때와 그러지 못했을 때이다. 꿈에서 영어로 하고 싶은 말을 다 한 이유가 있는 것 같다. 평소에 영어로 말하면서 마음 깊은 곳에서 자유를 느꼈기 때문일 것이다. 그와 반대로 꿈속에서 영어로 하고 싶은 말을 하지 못했다면 평소에 영어로 말하는 게 고통이었는지 돌아볼 일이다. 아무래도 그때는 영어 강사 초기였기 때문일 것이다.

우리 학원에서는 아이들의 말하기 목표를 '하루에 300개의 단어 말하기'를 목표로 하고 있다. 3년을 꾸준히 하면 30만 번 말하기를 달성할 수 있기 때문이다. 그래서 학부모 초청 세미나 때 학생들과 학부모님들께 줄기차게 말하고 있다.

더불어 학원에서는 아이들의 꾸준함을 응원하기 위해 매달 시상식을 진행하고 있다. 수상 기준은 한 달 동안 '매일 300회 말하기'의 달성도이다. 매달 시상식에서 본인이 어떻게 해냈는지 확인하고 다음 달을 계획한다. 상을 받으면서 보상을 받고, 상을 받기 위해 노력을 경주한다.

성인은 어떻게 말하기 환경을 조성해야 할까. 정말 쉽고 좋은 방법이 있다. 생각과 말에서 탁월한 방법이다.

어느 상황에서든 '이건 영어로 뭐지?'라고 생각하는 거다. 하루의 일상을 영어로 구사할 수 있게 통로를 열어놓는 것이다. 카페에서 커피를 마실 때나, 친구들과 대화할 때나 생각하는 것이다. '맞아. 그러면 영어로 어떻게 하지?'

이 생각은 영어로 생각하는 것을 가능하게 해준다. 처음에는 단어 하나로 시작하자. 연이은 생각은 단어가 기차간들이 이어지듯이 한두 개씩 잇따라 붙게 된다. 곧 문장이 되는 것이다. 들리는가. 물밀듯이 영어가 들어오는 소리를. 겁낼 것 없다. 영어에 흠뻑 젖어보는 것이다. 통로를 활짝 열어놓자.

다음은 '말'이다. 우리말로 대화할 때를 들여다보면 머릿속에 떠오른 것을 말한다. 무슨 단어를 써야할지 고를 때도 있다. 그러나 말을 내뱉는 것을 지체하지 않는다. 영어에도 적용해보자. 내가 구사할 수 있는 단어부터 말해보자. 친구에게 놀이공원 가는 제안을 들었다면 "Let's go."라고 해보자. 감탄사도 "우와." 대신 "Wow!" 혹은 "Oops!"라 해보는 것이다. 바로 튀어나올 수 있는 단어를 입에 자연스럽게 해보는 것부터 시작하는 거다. 그리고 '긴 문장'보다는 짧은 단어라도 '자주' 말하자. 더 나아가 같은 단어도 좋으니 하루에 300번씩 반복해보자. 영어로 꿈꾸는 것이 비단 어린아이에게만 가능한 일이겠는가.

말로 선포하면 이루어진다

우리 내면 깊숙한 곳에 '잠재의식'이 있다. 잠재의식은 어린 시절의 경험과 가장 큰 기쁨과 상처들이 모인 곳이라 보면 될 것이다. 이곳에서 우리의 일상의 생각을 결정한다는 이야기가 있다. 이 잠재의식을 변화시키는 가장 중요한 역할은 언어다. 그리고 그것은 말하기와 쓰기다.

내 생각을 입으로 하면 '말하기'이고 글로 쓰면 '쓰기'다. 즉 생각이 변화되면 잠재의식이 변한다는 것이다. 생각을 의식적으로 바꾸는 방법은 내가 원하는 것을 지속적으로 쓰고 말하는 것이다.

그래서 수많은 성공자들이 원하는 것을 생각하고, 바라는 것을 적어보라고 말하는 것이다. 나도 그 말에 동의한다. 영어를 잘하고자 하는 것은 성공적인 삶을 주도하고 싶기 때문이라고 본다. 영어 말하기의 반복을 인생을 변화시키는 도구로 승화시켜보자.

쓰기 환경:
명언 무작정 따라 쓰기

'시작이 반이다.'

이 명언은 무언가를 시작하는 데 나에게 힘이 된다. 그런데 왜 시작이 반이 되었을까. 언뜻 보았을 때 이해가 되지 않았다. 시작하더라도 나머지 90%정도는 남지 않는가. 그런데 학원장이 된 지 얼마 되지 않았을 때, 그 문구를 보고 무릎을 쳤다.

"Well begun is half done." (잘 시작된 것은 반절이 행해진 것이다.)
– 아리스토텔레스

'그냥'이 아니었다. '잘'이었다. 잘 시작되는 것, 발전기의 작동원리가 생각났다. 발전기는 전원만 켜면 된다. 시작을 위해 발전기가 필요할 뿐이다. 전기를 만들어내는 발전기처럼, 사람은 에너지를 명언에서 얻을 수 있다. 그렇다면 명언을 정확히 이해하고 나에게 힘을 주는 것을 받아들이자.

시크릿, 변화의 비밀

"The secret of change is to focus all of your energy, not on fighting the old, but on building the new." (변화의 비밀은 당신의 모든 에너지를 집중하는 것이다. 오래된 것과 싸우는 것이 아닌, 새로운 것을 만드는 데에.) - 소크라테스

나는 한때 부모님을 원망했던 적이 있었다. 작년까지도 나의 내면에 계신 부모님과 마음속의 재판을 벌여왔었다. 지금 생각해보면 나에게 암흑과도 같았던 시기였다. 자세한 것을 언급할 수는 없지만 그때 당시의 나는 바꿀 수 없는 것을 끊임없이 투쟁했던 것 같다. 누구에게나 있는 빛과 그림자를 인정하지 않았던 것이다. '빛'에 가서는 '왜 밝은지'를 따졌고, '그림자'에 가서는 '내가 어두운 데에는 다 이유가 있었다'고 따지는 꼴이었다. 부모로서 가정을 유지하신 분들께 그런 모습을 보였다. 그리고 이런 나의 모습은 비단 부모님께만 국한되지 않았다.

한동안 마음의 재판을 거치면서 '내가 과거에 묶여 있구나.'라고 생각했다. 머지않아 처리하지 못한 눈앞의 일들이 보였다. 당장의 할 일부터

처리해야겠다는 생각을 하기 시작했다.

소크라테스의 말이 옳다. 내가 '과거의 나'에 머물고 있었음을 인정한다. 난 앞으로 나아가길 원한다. 새롭게 거듭나길 원한다. 전 세계 모든 인구에게 주어진 똑같은 시간, 누구보다 잘 활용하고 싶다.

아침, 변화를 이끄는 기적의 시간

"Early morning has gold in its mouth." (이른 아침은 입에 황금을 물고 있다.) – 벤자민 플랭클린

난 아침에 빨리 일어나는 것을 좋아한다. 약 220일 이상 새벽기도를 나갔을 만큼 누가 시키지 않아도 빠르게 일어났다. 그때 당시 빨리 일어났던 원동력은 '아침식사'였다. 새벽 5시면 일어나서 24시간 패스트푸드점에 갔다. 따뜻한 커피와 빵을 먹으며 책도 읽고 일기도 썼다. 학원 행사와 아이들의 수업도 함께 준비했다.

캄캄한 새벽은 은하수 속에 있는 것과 같아서 방해되는 것이 아무것도 없었다. 집중력은 솟아올랐고 감성은 풍부해졌다. 혼자 웃음을 참지 못하거나 눈물을 흘린 적도 많다. 감성과 영감 속에 있었다.

그때를 돌이켜보니 나를 이른 아침에 기상하게 한 것은 '설렘'이었다. 혼자만의 시간 속에서 하고 싶은 것을 해내는 기쁨이었다.

이른 아침이 주는 황금은 무엇일까. 삶을 책임지고 온전히 누리고자 하는 이에게 주어지는 선물이 아닐까. 할 일을 다 끝내고 오전 3시정도에 자는 요즘, '빨리 자고 빨리 일어나야겠다'는 생각을 자주 한다. 기적을 경험하는 아침, 미라클 모닝으로 매일을 맞이해보자.

내 마음의 여유가 있는 한 어떤 것도 불편하지 않다

"If this is coffee, please bring me some tea; but if this is tea, please bring me some coffee." (만약 이게 커피라면, 저에게 차를 가져다주세요; 그러나 이게 차라면, 저에게 커피를 가져다주세요.) – 에이브러햄 링컨

미국 남북전쟁 당시 링컨이 카페에서 한 말이다. 본인 입맛에 맞지 않았든지 일반적인 맛이 아니었을 것이다. 난 이 문구를 보면 미소가 생긴다. '링컨'이라는 인물이 가진 색채를 확연히 느낄 수 있기 때문이다.

링컨, 미합중국 16대 대통령이다. 그는 이 세상에 없지만 미국에서 여전히 가장 존경받는 대통령이다. 그는 51세에 대통령으로 선출되기 전 실패를 거듭했다. 하는 사업마다 실패했고, 나가는 선거마다 낙마했다. 29세부터 20년간 6번의 의원선거에서 모두 떨어졌다.

대통령이 되어서도 그를 시기하는 국회의원들은 그를 달갑게 보지 않았다. 그들은 좋은 집안 출신이었던 반면에 링컨은 구두공의 아들이었기

때문이었다. 대통령 취임연설에서도 의원들은 링컨을 구두공의 아들이라고 공격했다. 이에 링컨은 구두공으로서 충실한 아버지를 존경한다고 표현했다. 그리고 신발 수선이 필요하면 자신이 직접 해주겠다고 덧붙였다.

링컨은 거듭된 실패 속에서도 계속해서 일어났다. 타인의 모욕을 듣고도 여유 있게 대처했다. 링컨의 마음 또한 그를 움직이는 원동력이 있었을 것이다. 그런 인물이 한 말은 그 자체로 힘이 된다.

절망적인 상황에서도 꽃핀 그들의 성공

꿈을 이룬 사람들에게 공통적인 요소가 있다. 절망적인 상황에 처해 있던 것이다. 그럼에도 그들이 성공할 수 있었던 이유는 꿈을 이루기 위한 소망을 글로 적었기 때문일 것이다.

'쓰기'는 글자를 통해 소망을 현실로 드러나게 해준다. 막연한 생각은 글을 통해 실체화된다. 목표의 성취는 적으면서 절반이 행해지는 것이다.

이제 명언을 직접 써보자. 우리나라 위인의 명언을 영어로 바꾸어도 좋고, 영어권 사람들의 명언을 한 단어씩 해석해도 좋다. 자기만의 방식으로 소화하여 삶의 원동력으로 전환시켜보자.

매일 다른 명언을 쓰기보다 마음을 울리는 명언을 골라 한동안 매일 한 번 이상 써보자. 아울러 내 마음에 찾아오는 울림을 느껴보자. 감동이

번지기까지 시간이 필요할 수도 있고 나만의 경험과 시간이 필요할 수 있다. 그럼에도 명언을 통해 결심하고 행동하는 것은 삶의 힘찬 시작이 되기에 충분하다.

강쌤의 실행 영어 ⑥

따라 쓰기만 해도 큰 힘이 되는 명언 5

1. Never put off / till tomorrow / what you can do today.

(결코 미루지 마라 / 내일까지 / 당신이 오늘 할 수 있는 것을.)

2. Actions speak louder / than words.

(행동은 더 큰 소리로 말한다 / 말보다.)

3. Better late / than never.

(늦는 게 낫다 / 하나도 안하는 것보다.)

: "It's better to finish something late than to never do it at all."의

줄임말.

4. Hope for the best, / prepare for the worst.

(최고를 바라고, / 최악에 대비해라.)

5. Honesty is / the best policy.

(정직은 / 최고의 방책이다.)

07 일상 환경: 틈새 시간을 정복하라

시간, 부자들의 우선순위

내가 부자와 성공자를 자주 언급하는 이유는 무엇보다 나 자신이 부자가 되고 싶기 때문이다. 사실 나는 부자다. 먹고 싶은 것을 먹을 수 있고, 읽고 싶은 책을 주저 없이 구매할 수 있기 때문이다. 그럼에도 나는 큰 부자가 되길 원한다. 삶의 많은 것을 경험하고 그 경험을 나누고 싶다.

베짱이는 노래라도 불렀다

이솝의 우화, '개미의 베짱이'는 나에게 '부지런함, 근면함'의 교훈을 준다. 날씨가 춥든 덥든 그날의 일을 해내는 개미의 모습에서 진한 감동이 온다. 현대에 들어와서 이 이야기를 위트 있게 해석하기도 한다.

낮이고 밤이고 노래를 불렀던 베짱이는 결국 음반을 냈다. 일약 스타덤에 오른 베짱이는 음반 및 각종 수입료로 부자가 되었다는 이야기다.

개미와 베짱이의 공통점이 새롭게 다가온다. 둘 다 부지런한 것이었다. 멈추지 않았다. 개미는 개미대로 일을 열심히 했고, 베짱이는 베짱이대로 노래를 불렀다. 하루를 보내면서 그들은 그들의 위치에서 최선을 다한 것이다.

하루 24시간이 모자라는 요즘 과거에 내가 시간을 어떻게 보냈는지 떠올려본다. 지금 생각해보면 너무 많은 시간을 버리고 있었다. 현재 삶에서 활용 여부와 관계없이 흘러가는 시간이 없는지 살펴보자.

- 스마트폰, 게임, TV, SNS 등 하는 시간이 정해져 있지 않다.
- 친구들과 의미 없는 대화를 한다.
- 삶의 재미가 없다.

나는 '이 정도 했으면 쉬어도 된다.'라면서 스스로 정당화시킨 적이 많다. 하지만 그 휴식은 시간이 정해져 있지 않고 흘려보내는 게 대부분이다. 원하는 대로 쉬어도 휴식이 되지 않는다. 피로가 더 쌓이는 느낌이다.

새벽에 자더라도 할 일을 다 마치면 어떤가. 잠을 자려 누우면 미소를 지으며 두 발 뻗고 자게 된다. 성공의 계단을 하나 쌓는 느낌이다. 이 둘의 차이가 무엇일까? 바로 '목적성'이다. 맞추고자 하는 과녁이 없으면 내가 쏜 화살은 어디로 갔는지 모를 것이다. 활을 쏘긴 했지만 화살이 어디로 갔는지 모르는 것이다. 당연한 결과다. 뿔뿔이 흩어져 있을 테니까. 그러나 내가 맞추고자 하는 과녁이 있다면 어떨까. 그 과녁을 향해 쏘면 된다. 설령 과녁에 전부 다 맞추지 못하더라도 어디에 쐈는지는 알 수 있다. 과녁을 설치하지 않았다면 방금 머릿속에 떠오른 영어목표를 과녁으로 삼아보자. 언젠가 영어목표를 설정했지만 지금은 어디에 있는지 모른다면 다시 설치해보자.

영어는 일상생활에서 체화되는 것이 중요하다. 단기간에 완성되는 마법 같은 것은 존재하지 않는다. 그렇기 때문에 시간을 아끼면서 집중력을 높이자. 시간을 지배하면서 우리의 삶을 주도하자.

따로 시간을 내지 않아도 되는 시간

1. 포스트잇 – 저절로 외워지는 마법

포스트잇은 마법이다. 부착 메모지 아닌가. 그 자체로 뚜렷한 목적성을 띤다. 적고 싶은 게 있으면 적고 원하는 곳에 붙이면 끝. 외우고 싶은 영어단어를 적어놓고 내가 잘 가는 곳에 붙여놓자. 자주 가는 곳이 어딘지 떠올리면서 그 장소들을 생각해보자. 집에서 매일 갈 수 밖에 없는 곳은 신발장, 화장실, 책상, 냉장고 등이 있다.

일단 화장실 거울 앞에 서보자. 손에는 포스트잇과 펜, 스마트 폰으로 준비 끝이다. 간밤에 잘 잤는지 인사한 후에 익히고 싶은 단어를 찾자. 그리고 쓰고 난 후에 붙이자. 일단 쓰고 붙여라. 예쁘게 쓰는 것은 그 다음 일이다. 우리의 에너지를 쓰고 붙이는 데에 모으자. 수정은 시작한 후에 하자. 시간을 소중히 여기는 부자들은 그렇게 한단다.

공공화장실, 특히 군대의 화장실에는 좋은 글귀나 감동적인 이야기, 명언 등이 붙어 있다. 왜 그럴까 생각해보니 에너지를 모으기 쉬운 곳이기 때문이다. 본능적으로 에너지를 모으게 된다. 그 순간조차 놓지 말라는 것이다. 국방부는 바로 그것을 포착한 것이다. 우리나라 장병들의 에너지가 선한 의도를 띄고 삶의 건전한 목표를 갖게 해주자는 것이다. 변기에 앉았을 때 시선이 편한 정면이나 그보다 살짝 아래에 영어단어나 문장을 붙여보자. 변기에 앉았을 뿐인데 단어가 외워질 것이다.

2. 이어폰 – 두 손, 두 발 다 들 수 있다

이어폰은 편리하다. 무언가를 하면서도 들을 수 있기 때문이다. 아무것도 하고 싶지 않을 때조차 귀에 꽂기만 하면 된다.

나는 이어폰을 주로 운동할 때, 걸을 때 애용한다. 두 손, 두 발이 자유롭기 때문이다. 무엇을 듣고 싶은지 결정만 하면 된다. 좋아하는 팝송을 들어도 좋고, 뉴스를 들어도 좋고 유튜브 채널도 좋다.

3. 성경, 명언 - 힘의 원천

매일 업데이트되는 어플리케이션을 소개하겠다. 스마트 폰 바탕화면에 설정해놓고 우리의 매일에 힘을 불어넣어보자.

먼저 'Brilliant Quotes'이다. 고대 위인들부터 현대의 유명인들까지의 명언을 담아놓은 것이다. 바탕화면에서 업데이트되는 명언을 영어로 확인할 수 있다. 인물에 대한 상세정보는 터치 1번으로 확인할 수 있다. 출생년도와 주요저서나 업적까지도 알 수 있다. 물론 그 사람의 영어이름도 알 수 있다.

또 하나는 'YouVersion 성경'이다. 우리나라에는 '종교의 자유'가 있으니 자세한 언급은 하지 않겠다. 다만 성경이 인류의 가장 오래된 책이라는 데 의미를 둔다. '바이블'을 필독서로 비유하기도 하지 않는가.

이 어플의 묘미는 자신의 현재 상황에 따라 그 의미가 다르게 다가온다는 것이다. 자신의 기분과 경험에 따라 전해지는 울림을 느껴보자.

현재 부자라면 '시간'을 소홀히 해도 되는가. 더욱이 부자가 아닌데 소홀히 하면 되겠는가. 틈새 시간부터 정복하자. 시간을 계획하고 조직화하여 활용하자. 자투리 시간이나 그냥 지나치기 쉬운 시간도 잡아보자. 쓸 수 있는 시간이 곳곳에 있음을 스스로 알게 될 것이다. '시간은 쓸수록 늘어난다'는 것은 바로 해낼 수 있는 게 많아진다는 말이 아닐까. 그동안 흘려보낸 시간들을 파악해서 이제는 시간을 잘 담아보자.

영어가 될 수밖에 없는
혼자만의 루틴 만들기

너 자신을 알라

'난 나를 모른다'고 시인하기까지 시간이 걸렸다. 타인과의 의사소통에서 내가 느끼고 표현하는 법을 감추고 싶었다. 그래서 난 '스스로를 알라'는 문구에 상당한 부담감을 느꼈다. 뭘 그렇게 인정하고 싶지 않았는지도 모르겠다.

진정한 앎은 '모른다고 인정할 때' 비롯된다고 한다. '무엇을 원하고, 무엇을 좋아하는지' 알고 있는 것은 스스로를 이해하는 척도가 될 것이다. '너는 어떻다'고 주로 듣는 이야기는 타인이 보는 내 모습이다. 나는 어떤 생각을 하고, 타인에게 어떤 말을 주로 듣고 있는지 곰곰이 생각해봐야 한다.

우리의 목표는 '내 생각을 영어로 전달하는 것'임을 상기해보자. 그렇다면 다음의 질문이 우리의 매일에 힘을 실어줄 것이다.

'나는 왜 영어로 생각을 표현해야 하는가?'

한 번에 답을 빼내기가 쉽지 않다면 스스로에게 물음을 던져놓자. 어느 날 문득 머리에서 '팍' 하고 스칠 테니까. 이어서 다음 질문에도 답해보자.

'나는 주로 언제, 어디서 집중력을 발휘하는가?'
'내가 자주 있는 곳은 어디인가?'

같은 시간, 다른 집중력

나에게 황금시간대는 오전 5시와 오전 10시다. 오전 5시는 아무에게도 방해받지 않는다는 점에서 온전히 집중할 수 있다. 여기저기에서 쏟아지는 영감 이외에도 새로운 생각들이 물꼬를 트고 쏟아진다. 그럴 때에는 수첩에 적어놓기도 한다. 그야말로 이른 아침이 물고 있는 황금을 주워 담기에 바쁘다. 나는 오전 5시를 동경한다. 미라클이 시작되는 시간이다.

오전 10시는 일반 직장인에게는 꿈같은 시간일 것이다. 학원이 오후에 시작하기 때문에 오전 시간이 비교적 자유롭다. 금융권에서 잠시 일했던 당시를 회고하면 더욱 그렇다.

아침에 집을 나서면 집 옆에 있는 카페로 간다. 내가 주로 가는 카페는 10시 정도에 해가 들어온다. 책을 쓰며 하루 일과를 정리하는 그때 나의 하루가 금빛으로 물드는 느낌이다. 그때 생기는 집중력은 선물처럼 주워 담는다.

오전시간은 아무에게도 쉽게 내주고 싶지 않다. 내게는 소중한 시간이다. 스스로에게 맞는 시간이 있다면 그 시간을 활용해보자.

부담감, 집중력을 끄집어내는 신비

일이 다 끝나고 씻고 누우려고 보니 오전 3시가 다 되었다. 3시간 후면 일어나야 한다. 오전 7시에 고속버스를 타야하기 때문이다. 이런 상황에는 꼭 3시간 후에 일어나게 된다. 나의 일만은 아닐 것이다. 개인에 따라서는 다음 날을 위해 일찍 자는 것이 가장 좋은 방법이다.

나는 불과 몇 년 전까지 '때 되면 자야 한다'는 주의였다. 건강뿐만 아니라 컨디션 관리 면에서 그랬다. 그러다 보니 잠에 드는 시간이 지켜지지 않을 경우에 신경이 곤두섰다. 예민해진 신경으로 가족을 대하니 나 자신뿐만 아니라 일상이 불만족으로 물들어 버렸다. 지금 돌아보니 나의 '이만큼만 하자'는 안일주의에서 비롯되었음을 지금에서야 인정하는 바이다.

그래서인지 약간의 과중한 일과는 내개 많은 것을 하게 한다. 수업준비와 학부모님 상담, 청소가 끝나면 온몸으로 휴식하길 원한다. 하지만 휴식을 실컷 취해도 다음 날 별반 나아짐이 없다는 것을 안다. 휴식 대신 나를 성장으로 이끌어줄게 필요했다. 이런 점에서 내가 무엇을 잘하는지, 무엇에 관심이 있는지를 아는 게 중요했다.

그래서 영상 작업과 책 쓰기, 매일의 독서와 감사 일기, 휴식시간까지 할 일 목록에 집어넣고 있다. 기한이 있는 것도 있고, 그렇지 않은 것도 있다. 행위 자체로 내게 힘이 되기 때문에 매일 하는 것도 있다. 일정으로 바빠서 그런지 감기 걸릴 새도 없다.

그러나 '약간의 부담감'이 일상에 지장을 주면 안 된다. 다만 스스로 '휴식이 필요한 존재'임을 받아들이고, 휴식의 종류를 미리 파악해두자는 것이다. 수면인지, 영화 시청인지 쇼핑인지를 알고 스스로 보상도 하자.

대부분의 사람에게 영어는 직업이나 학업 이외의 것이다. '플러스 알파'일 것이다. 어차피 영어를 잘하기로 했다면 내게 관심분야가 무엇인지 질문해보자. 이것도 스스로를 알아가는 과정인 것이다. 영어는 언어인 만큼 뉴스나 영화에 국한되지 않는다. 당장에 검색만 하더라도 영어 공부할 수 있는 것은 널렸다. 중요한 것은 나를 알고 내 일상에 어떻게 적용할 것인지 아는 것이다.

촬영 - 내가 보고 싶은 나

언어 전달의 70% 이상은 보디랭귀지에서 비롯된다. 그런 의미에서 '거울 앞의 말하기 연습'은 상당한 도움이 된다.

나는 학생들과 수업하면서 쓰는 나의 말투가 궁금했다. 그리고 나의 표정과 제스처도 보고 싶었다. 내가 학생들의 반응에 이끌리는지, 수업을 주도하고 있는지 알고 싶었던 것이다. 교실 뒤에 삼각대를 설치하고 수업을 진행했다. 그러자 학생들이 궁금해했다. 나는 솔직하게 선생님의 말과 표정을 직접 보고 싶다고 말했다. 수업 중에 뒤를 보지 않는다면 등만 나올 테니 안심하라고도 덧붙였다. 일주일 정도 촬영을 하면서 수업 중에 느낀 게 있었다.

'내가 교사로서 아이들에게 보여주고 싶은 모습이 있구나.'

카메라맨은 없었지만 수업하는 동안 카메라를 의식하게 되었다. 카메라가 설치되었다는 이유로 말투와 표정이 달라졌다. 표면적으로 드러난 본인의 외모를 보고 원하는 모습인지 확인하는 시간을 가져보자. 다른 누구보다 스스로 장단점을 정확하게 짚어낼 수 있을 것이다.

녹음 - 내가 전달하고 싶은 영어

내가 강력하게 추천하는 것은 본인의 음성을 녹음하는 것이다. 쉽지 않다. 본인의 음성을 본인이 듣다니. 그러나 대화가 아니라 문장을 보고 읽는 것을 녹음하는 것을 통해 민망함을 견뎌낼 수 있다. 아울러 자신을 객관화할 수 있기 때문에 본인의 단점을 스스로 수정해갈 수 있다.

영어발음과 문장의 어조를 듣기 파일과 비교해볼 수 있다. 본인의 음성이 맹맹하게 들린다면 영화나 리스닝 파일에서 원어민의 음성을 적극적으로 듣게 될 것이다. 스스로도 그렇게 발음해야 하는 것을 느꼈을 테니까.

사람들 앞에서 자주 말하는 일을 한다면 더욱 녹음을 추천한다. 그런 일을 하지 않더라도 사람들과 대화하면서 전달력을 높여줄 것은 자명하다. 대부분의 연예인이 카메라 앞에서 쑥스러워하지 않는 이유가 무엇인지 아는가. 그들이 카메라 앞에서 당당한 표정을 짓는 것을 스스로 모니터링했기 때문이다. 그러므로 우리도 우리의 표현을 정확하고 또렷하게 전달해보자. 명언과 따라 하고 싶은 영화대사를 나의 음성으로 녹음해보자.

자신을 아는 것과 영어 지식을 익히는 것은 무슨 상관이 있을까. 언어는 문화와 상황 속에서 탄생한다. 사람들의 반복적인 습관과 그들이 지켜야 했던 풍습은 언어에 영향을 미친다. 언어를 익히기 위해서는 글자를 먼저 익혀야 한다. 다음에는 문화를 익힘으로써 그 뜻을 정확히 알자.

습관의 패턴을 알아가는 과정은 스스로를 알아가는 과정이다. 능률이 오르는 시간과 장소를 파악해두자. 성장시킬 수 있는 원동력을 알게 되면 영어를 익히기에 훨씬 쉬울 것이다.

영어를 익히는 과정은 언어 그 이상이다. 영어가 될 수밖에 없는 혼자만의 루틴을 자신을 알아가는 것부터 시작해보자.

4

영어가 되는
8가지 혼자 영어 공부법

"Change will not come if we wait
for some other person or some other time."

– 버락 오바마

01 표준영어:
정확한 소리를 알자

염좌. 상담하기 위해 학원에 처음 온 학생에게 보여주는 단어다. 그리고 뜻을 물어본다. 대부분의 학생들은 처음 듣는다고 한다. 또는 옆에 계신 부모님을 바라보는데, 어떤 부모님들은 고개를 돌리시기도 한다. 이해할 수 있다. 나도 이 단어를 처음 접했을 때 그랬다.

이어서 학생에게 다시 물어본다.

"염좌가 무슨 뜻인지 알려면 어떻게 해야 할까?"

대부분 네이버에 검색해본다고 한다. 더러는 선생님께 묻는다고 한다. 그렇다. 뜻은 찾아볼 수 있는 것이다. 뜻을 모른다 할지라도 의사소통이 가능하냐는 것이다. 우리는 염좌의 뜻을 몰라도 된다. 일상생활의 지장이 없기 때문이다. 그렇다면 언어의 관점으로 보면 어떨까?

언어는 4개의 영역이 있다. 듣기, 말하기, 읽기, 쓰기가 그것이다. 염좌의 뜻을 모르는데 우리는 어떻게 알 수 있을까? 선생님이나 부모님 혹은 누군가에게 "염좌가 뭐야?"라고 물어볼 수 있을 것이다. 국어사전이나 검색사이트에서도 찾아 볼 수 있다. 뜻을 모르는 단어를 한 번 봤을 뿐인데 어떻게 이런 게 가능할까? 한국인이 한국말을 들었기 때문일까. 그렇다면 언어의 관점에서 어떻게 가능했을까? 그것은 정확히 읽었기 때문이다. 정확히 읽은 단어는 정확히 들린다.

영어도 마찬가지다. 정확한 영어발음은 언어의 4가지 영역을 모두 소화할 수 있다. 정확히 읽기로 정확히 의미를 전달할 수 있다. 입으로 말하는 대신 종이 위에 쓸 수 있다. 읽은 대로 들리면 제대로 들을 수 있다.

한글은 겹소리, 영어는 낱소리

소리는 자음과 모음으로 나눈다. 한글에서 자음은 ㄱ, ㄴ, ㄷ, ㄹ, ㅁ 등이고 모음은 ㅏ, ㅑ, ㅓ, ㅕ, ㅗ 등을 말한다. 한글은 자음과 모음이 한 번에 소리 나는 겹소리다. 예를 들어 자음 'ㄱ'과 모음 'ㅗ'가 만나 '고'라고 발음되는 것이다. 이에 비해 영어는 낱소리다. 자음과 모음이 낱낱이 소리 난다는 것이다.

영어의 자음은 b, c, d, f, g 등이고 모음은 a, e, i, o, u 등이 있다. 자음 'g'와 모음 'o'가 만나면 [gou] 한글식으로 '그오우'라고 발음된다. 한글과 영어발음의 차이를 이해하기 쉽게 단순비교를 했는데, 여기서 한 가지 더 기억해야 하는 것은 영어는 읽는 방법이 정해져 있다는 것이다.

'발음기호'라고 들어봤을 것이다. 영어사전에서 단어를 찾으면 단어 옆에 대괄호[ ]가 있다. 그 안에 있는 기호들을 말하는 것이다. 영어의 정확한 발음은 바로 발음기호에서 비롯된다. 지역색이 묻어난 사투리나 방언이 아니다. 이 기호를 정확하게 읽으면 뜻을 모르는 어떤 영어도 정확히 읽어낼 수 있다. 뜻은 찾아보거나 대화하면서 물어볼 수 있는 것이다.

학원에 입학시키기 전 학생들에게 확인하는 게 있다. 발음기호를 읽을 수 있는지 확인해보는 것이다. 정확히 읽지 못하면 단어를 외우기가 쉽지 않다. 외워도 온전히 내 것으로 만들기 어렵다. 외운 단어를 말할 수 있어야 대화에서 쓸 수 있지 않겠는가.

영어의 발음기호는 총 69개다. 그 중 45개는 소문자로, 24개는 기호로 이루어져 있다. 발음기호를 정확히 읽었다는 것은 24개의 기호를 정확히 알고 있다는 것이다. 이 기호들을 정확히 알고 낱낱이 읽어야 원어민 같이 발음할 수 있다.

나는 원어민 교사와 대화할 때 어느 나라에서 공부했냐는 말을 자주 듣는다. 이유는 발음이 좋다는 것이다. 원어민 교사 입장에서 학원장 정도 되었으니까 물어보는 것일 수도 있다. 물론 내가 학창시절 팝송과 영어 랩을 자주 듣고 불렀기 때문에 그 영향도 있을 것이다. 하지만 가장 중요한 것은 내가 구사하는 영어단어 발음이 정확했기 때문이 아닐까. 내가 원하는 바를 단어로 정확히 전달한 것이다. 생각해보라. 머리가 노랗고 눈동자가 파란 외국인이 우리나라 말을 정확하게 발음하는 모습을.

발음기호를 읽으면서 주의해야 할 3가지

첫 번째로 무성음과 묵음, 철자를 비교하면서 주의해야 한다. 무성음이란 성대의 울림이 없는 소리를 말한다. '속삭이는 소리'라고 하면 이해가 쉽다. 누가 들을까 봐 상대의 귀에 대고 작게 이야기할 때 나는 소리인 것이다. 이 소리는 멀리 전달되지 않지만, 미묘한 차이를 일으킨다.

'Bus'를 발음해 보자. 유성음으로 발음하면 '뻐쓰'라고 또박또박 발음된다. 반면 'Bus'의 철자 's'를 무성음 's'로 대입해 보면 '쓰'는 흘러 지나가듯이 발음된다. 's'는 바람 빠지는 소리 혹은 뱀이 기어가는 소리라 생각하면 이해하기 쉬울 것이다.

두 번째, 영어철자에는 묵음이 존재한다. 철자는 있는데 발음기호에는 소리가 없는 것으로 굉장히 많다. 쉬운 단어들로 예를 들어보겠다. 'Knife'의 'k', 'Handsome'의 'd', 'Honest'의 'h', 'Listen'의 't'가 여기에 해당한다. 나이프를 '크나이프'라고 하지 않는 것이다. 발음기호 안에 철자에 해당하는 소리가 없다면 묵음인 것이다. 그래서 기호로 표기되지 않는다. 시대가 흐르면서 반영된 현상쯤으로 이해하면 된다.

세 번째로 같은 철자여도 다른 발음이 날 수 있다. 한국인들이기 때문에 빠지기 쉬운 실수라 하겠다. 예를 들어 한글 '손'은 어떤 단어에서도 '손'이라 발음한다. 손등, 손톱, 손오공. 어디서든지 하나의 소리를 내는 것이다. 그 방식을 그대로 영어에 대입하기엔 영어의 발음 범위는 넓다.

영어 단어를 예로 들어보자. 이해를 돕기 위해 한글식 발음으로 표기하겠다. 'Apple'에서 'a'는 '애'로 읽힌다. 'Giant'에서 'a'는 '어'로 읽힌다. 눈치챘겠지만 글자 하나당 하나의 소리를 내지 않는다. 한글식으로 적용이 안 된다는 것이다. 'America'는 어떤가. 이 단어의 'a'는 3개다. 첫 번째와 세 번째 'a'는 '어'로, 두 번째 'a'는 '애'로 발음한다. 영어에서 'a'는 '어', '아', '애' 등으로 다양하다. 우리말 '어'는 영어에서는 3가지 소리로 표현될 수 있다. 즉 발음기호를 정확히 읽어야 하는 것이다.

외국인 교사가 교무실에 앉아 있었다. 그는 덩치가 크고 머리카락이 없었다. 헐리웃 스타인 브루스 윌리스처럼 면도를 하지 않았을까 싶다. 그때 교무실에서는 한국인 교사들이 교실영어 연습을 하고 있었다. 한국인 교사 한 명이 말씀하셨다.

"Look at the board." (칠판을 보세요.)

그러자 그 외국인 교사가 뒤를 돌아보셨다. 그는 'Look at the bald(대

머리를 보세요).'라고 들은 것이다. 다행히 교사의 시선이 칠판에 있어서 없던 일로 되었지만 정확한 발음의 중요성을 다시 한 번 인지하게 된 사건이었다.

정확한 의사 전달이 되지 않으면 오해를 불러일으킨다. 유창하지 않은 것과 정확하지 않은 것은 별개인 것이다. 그러므로 정확한 발음기호로 발음하자는 것이다. 그게 핵심이다. 양념조로 무성음을 구분하고, 낱소리를 살려 읽으면 원어민처럼 소리 낼 수 있다.

이해를 돕기 위해 영어의 발음을 한글로 표기했다. 영어는 영어식으로 익혀야 하기 때문에 반드시 부록을 참고해서 발음기호를 정확하게 익히자. 정확하게 자주 읽으면 빨라질 것이다. 영어단어를 이미 많이 알고 있다면 발음기호를 눈여겨보자. 전달하는 데에 힘이 실릴 것이다. 정확한 발음은 상대에게 정확히 전달하기 위한 것임을 잊지 말자.

02 단어 익히기: 단어는 생각의 재료

누가 영어를 잘한다고 생각하는가. 이 질문에는 스스로가 영어를 어떻게 바라보는지 알 수 있다. 발음인가, 단어인가, 유창함인가. 다 떼어놓을 수 없이 연결되어 있음을 알 수 있을 것이다. 언어에는 의사소통의 목적이 있음을 잊지 않으면 된다.

나는 단어를 많이 알고 있는 사람이 영어를 잘한다고 하겠다. 물론 정확히 읽을 수 있는 단어를 말한다. 정확히 읽은 단어로 쓸 때뿐 아니라 말할 수 있기 때문이다. 소통의 도구로써 역할을 하는 것이다. 영어를 기준으로 단어란 무엇일까? 단어는 자음과 모음이 만나 하나의 뜻을 가진 단어라 하겠다. 비슷한 말로 어휘가 있다. 단어를 많이 알면 어떤 식으로든 대화가 가능하다. 단어가 생각의 재료이기 때문이다.

단어, 쪼개어 보자

단어를 외우는 데는 개인별로 필요한 절대적 시간이 존재한다. 간혹 간절하거나 절박한 사람들은 최대의 집중력으로 단기간에 많은 단어를 익히기도 한다. 그들의 집중력을 최대한 흡수한 것으로 하고 다음 내용을 보자.

우리에게 가장 소중한 시간인 'Time'이라는 단어의 꼬리에 '-Ly'를 붙이면 'Timely(시기적절한, 적시의)'가 된다. 그 단어 머리에 'Un-'을 붙이면 'Untimely(시기가 안 좋은, 때 이른)'이라는 말로 반대의 의미가 된다. 그리고 'Sometimes(때때로)', 'Time after time(몇 번씩)', 'From time to Time(때때로)' 등 숙어에도 쓰인다. 한 단어에서 파생되는 단어들이 많다는 것을 염두에 두고 단어를 유의 깊게 살펴보자.

'Time'을 다시 보자. 이때 'Timely'의 '-ly'는 단어의 꼬리에 붙는 접미사(Suffix)다. 'Untimely'의 'Un-'은 단어의 머리에 붙는 접두사(Prefix)이다. 접미사와 접두사는 그 자체로 하나의 뜻을 가진다. 이들의 뜻을 알아놓으면 처음 보는 단어도 어느 정도 뜻을 유추해낼 수 있다. 한 단어가 접두사와 접미사로 나뉘면 외우기도 훨씬 수월하다. 자주 쓰이는 접두사와 접미사를 눈여겨보고, 뜻을 익혀두자. 머리에 입력되는 글자의 공간이 최소화되는 것이다. 단어, 한 번 나누어 보자.

'Take'는 다의어다. '잡다, 가져가다, 데리고 가다, (시간이)걸리다, (약을)복용하다' 등 뜻이 다양하다. 열거되어 있는 'Take'의 뜻을 눈여겨보자. 가장 핵심을 '가져간다'로 보면 이해하기 쉬울 것이다.

누군가를 가져가면 '데리고 가다', 무언가를 하는 데 시간을 가져가면 '(시간이) 걸리다', 약을 몸 속으로 가져가면 '(약을) 복용하다'라는 뜻이 되는 것이다. 영어 단어 하나에 한글 뜻이 많아도 피하지 말고 눈여겨보자. 왜 그렇게 해야 하는지 한글로 설명해 보겠다.

한글의 '먹다'라는 단어를 보자. 아침식사가 오면 '먹는다', 약이 오면 '복용한다', 뇌물이 오면 '받다', 주먹 한 방이 오면 '맞는다'가 된다. 이렇게 보니 한글도 다의어 아닌가. 언어이기 때문에 영어든 우리말이든 일맥상통하는 부분이 있다. 물론 단어에는 문화와 역사가 나타나는 것도 고려해야 한다. 다의어라고 주눅 들지 말자. 눈여겨보고 관통하는 핵심 뜻을 찾으면 쉽다. 대부분 사전의 1번 뜻으로 하면 통한다는 것도 기억하자.

'Undertake', 'Overtake', 'Mistake'는 어떤가. 이런 단어도 마찬가지다. 핵심 뜻에서 다양한 의미가 뻗어나온 것이다. 여기서는 핵심이 되는 근본 뜻을 기억하면서 머릿속에 그림을 그려보면 이해하기 쉽다.

'Undertake'를 이해하기 위해 'Under-'의 의미를 알면 빠르게 이해할 수 있다. '공사 중'이라는 표현으로 'Under construction'이라는 표현을 쓴다. 'Under-'는 진행의 의미로 쓰인 것이다. 그러면 'Undertake'는 가져가는 행위가 진행 중이라는 뜻이 된다. '(긴 시간 걸릴 일을) 착수하다, 약속하다'라는 사전적 의미와 맞추어 보는 것이다. 긴 시간이 걸리니까 약속이 필요하겠구나 하면서 이해해보는 것이다.

'Overtake'도 그와 맥락을 같이한다. 'Over-'는 '위로, 너머로'라는 의미이다. 위에서 가져가는 행위인 것이다. 무엇을 가져가지? 자동차나 순위가 앞서는 것을 말한다. 'Overtake'는 '추월하다, (갑작스럽게) 발생하다.'라는 사전적 의미를 가진다. 또 이해해 본다. '아, 추월은 예기치 않게, 갑작스럽게 일어나는 거구나.' 하고 말이다.

'Mistake'는 더 쉽다. 'Mis-'는 잘못, 오류라는 접두사이다. 잘못 가져간 것이다. 앗, 나의 실수! 단어, 그 뿌리가 같음에 주목해보자. 눈여겨보는 과정에서 이미 외운 것은 덤으로 가져가면 된다.

단어, 접어보자

학생들과의 수업 첫 부분은 단어장을 함께 읽는 것으로 시작한다. 이어서 단어 시험을 본다. 확실히 개인차가 드러난다. 일단 점수에서 드러난다. 거기에서 점수가 좋은 친구들은 크게 두 유형으로 볼 수 있다. 이해도가 좋은 학생들과 단어 연습 습관이 몸에 밴 학생들이다. 이해도가 좋은 친구들은 단기 기억에 뛰어난 친구들이다. 발음기호를 정확히 이해하고 있기에 쉽게 익힐 수 있는 것이다. 어떤 발음이 어떤 철자에 해당하느지 알고 있는 것이다. 습관이 좋은 친구들도 대부분 이해도가 좋다. 다만 이 친구들은 사전에 준비하는 습관이 더해져 그 모습 자체로 빛이 난다. 예의도 바르다. 나만 보이는 일련의 공통점인지는 모르겠다. 확실히 미리 준비하는 후광효과는 나이를 구분하지 않는 것을 다시 한 번 느낀다. 꾸준함의 습관은 그만큼 중요하다. 그래서 단어를 꾸준히 익히라고 강조하는 것이다. 그럼 단어를 쪼개어도 보고 나누어도 봤는데 익혀지지 않는 이유는 무엇일까.

단어를 익혀지지 않는 첫 번째 이유는 발음기호와 철자가 일치하지 않았기 때문이다. 이것은 근본적인 이유로, 발음기호를 읽는 방법으로 정확히 알아야 한다. 두 번째 이유는 연습하지 않아서이다.

'메타인지(Metacognition)'를 들어본 적이 있을 것이다. Meta는 '~을 넘어.'라는 뜻으로, 메타인지는 '뛰어넘는 인지'라는 것이다. 무엇을 알고 모르는지 정확히 인지한 상태인 것이다. 단어를 익히면서 자신이 알고 있는지, 모르는 것인지 구분부터 하자. 알 듯 말 듯 한 것을 모르는 것이라 여기고, 확실한 것만 가려내자. 그럼 어떻게 가려내는 것이 좋은가. 시험을 보는 것이다. 아는 것은 정확히 써낼 것이고, 모르면 써내지 못할 것이다. 시험지를 쉽게 만들어 보는 방법이 있다.

노트든 A4든 괜찮다. 종이를 반으로 접어보자. 반으로 접은 상태에서 같은 방향으로 반으로 접어보자. 그리고 펼쳐보면 접힌 선이 3줄이 있을 것이다. 총 4칸이 생긴 것이다. 가장 왼쪽 칸에 한글 뜻을 적고 비어 있는 두 번째 칸부터 철자를 적어 내려가는 방법이다. 차례대로 접으면서 철자를 적는 것이다. 맞는 단어는 한글 뜻에 표기하고, 빈칸만 보이게 접어서 다시 시험을 보는데, 맞출 때까지 하는 것이다. 단 어느 정도 단어에 익숙해진 후에 하자. 단어를 보지 않고 바로 말할 수 있을 정도가 되었을 때가 가장 적절하다.

단어, 쪼개어보고, 눈여겨보고, 접어서 시험도 보자. 생각의 재료들을 많이 준비하자는 것이다. 다양한 상황 속에서도 언제든지 꺼내 쓸 수 있게 준비하자. 전쟁을 하는 군인들에게는 총알이나 대포알이 많을수록 좋은 것처럼 우리도 준비를 해놓자.

조금만 알아도 든든한 말의 뿌리, 접두사와 접미사

접두사 prefix		
mono-	혼자, 하나	monopoly(독점하다), monarch(군주) monologue(독백)
pre- / pro-	전, 앞	preposition(전치사), prepare(준비하다), project(과제)
sub- / suf-	밑, 아래	submission(복종), subway(지하철) suffuse(뒤덮다)
com- / con-	공동, 협력	companion(동료), contact(접촉) concentrate(집중하다)
il- / in- / im- / ir-	없다, 아니다	illegal(불법의), inconsiderate(배려 없는), immoral(부도덕적인), irresponsible(무책임한)
접미사 suffix		
-able	할 수 있는	preventable(예방할 수 있는), portable (휴대용의), excitable (흥분하기 쉬운)
-nym	이름, 단어	synonym (유의어), antonym (반의어), homonym (동음이의어)
-pathy	감정	sympathy(동정), compathy (공감), telepathy(정신감응)
-holic	중독자	workaholic(일중독자), alcoholic(알콜중독자), shopaholic(쇼핑중독자)
-ant / -ard / -arian	사람	servant(하인), wizard(마법사) veterinarian(수의사), librarian(사서)

have	가지다	Do you have any pencil?
	먹다	Let's have lunch together.
	해야 한다 (+ to 동사)	You have to do your homework.
	하게 하다	My mom had her son clean his room.
	완료시제의 공식	Have you ever been to Han-ok village?
take	잡다	He always takes a chance.
	(그대로) 가져가다	
	❶ (사진을) 찍다	My father took a picture of flowers.
	❷ (내용을) 필기하다	The journalist is taking notes.
	복용하다	Take this medicine after 30 minutes.
	(시간이) 걸리다	It will take about 13 hours.
run	달리다	The marathoners are running.
	흐르다	Water is running onto the floor.
	운영하다	The C.E.O. began running his own company.
	출마하다	He will run for mayor.
work	일하다	We usually work Monday through Friday.
	작동하다	This machine works in this factory.
	효과가 있다	90% of ideas work in my class.
right	오른쪽(으로)	Turn right.
	옳은, 가장 적당한	It's the right time to act.
	권리	You have the right to choose.
	바로	Right now!

03 어순:
영어와 한글의 순서는 다르다

'나는 여러분을 사랑한다.'

위 문장의 단어 배열을 바꾸어 보겠다. 뜻이 잘 전해지는지 살펴보라.

'나는 사랑한다 여러분을. 여러분을 나는 사랑한다. 여러분을 사랑한다 나는. 사랑한다 나는 여러분을. 사랑한다 여러분을 나는.'

어떤가. 다소 어색하게 들릴 수 있으나 뜻의 전달하는 데는특별한 차이를 느끼지 못했을 것이다. 한글에는 '~을, ~는'과 같은 조사가 붙는다. 위치가 변해도 전하는 의미는 크게 달라지지 않는다.

영어도 함께 비교해보자. 'I love you.' 이 문장의 단어 배열을 바꾸면 어떨까?

'I you love. Love I you. Love you I. You I love. You love I.'

이렇게 말하면 제대로 사랑을 전할 수 있겠는가.

우리말은 끝까지 들어봐야 안다

한 소녀가 친구에게 울먹거리면서 말한다.

A : 나 오늘….

B : 시험 못 봤어?

A : 아니, 나 오늘 학교 식당에서….

B : 소화가 잘 안됐구나.

A : 아니, 나 오늘 학교 식당에서 천 원을 잃어버렸어.

B : 어, 그래.

끝까지 듣지 못하면 무슨 내용인지 통 모른다. 대화하면서 가장 귀 기울여 듣는 게 '누가 무엇했는지'인데 그 부분이 정확하지 않기 때문이다. 그것을 알아야 슬퍼하는 것 같으면 위로해주고, 기뻐하면 함께 즐거워할 수 있지 않을까? 이유를 물어가면서 말이다.

다음은 토마스가 제인에게 편지를 썼다고 가정해보자. 전주 한옥마을에 놀러온 내용이다. 영어 문장의 순서 그대로를 한글로 옮겨보았다.

'제인, 나는 먹었어 비빔밥을 한옥마을에서 전주에서 한국에서 어제. 사실 난 느꼈어 피곤하게 긴 비행시간 때문에. 비빔밥 덕분에 나는 느껴 더 나아졌다고 이제. 나는 들었어 초코파이가 유명하다고 이곳에서 그래서 많은 한국인들은 찾는대 여기를 주말마다. 나도 시도할 거야 그것을 내일. 신나지 않을까? 함께 방문하자 그리고 먹자 그것을 다음에. 나는 갈 것이다 침대로 지금. 안녕! 토마스가'

보다시피 두드러진 특징이 있다. '누가 무엇을 하다'가 먼저 나온다. 시간이나 장소, 이유는 문장의 앞이나 뒤에 온다. 머릿속에 그림을 그리기가 수월한 것이다. 함께 그려보자. 지금 당신의 머리는 하얀 백지가 펼쳐져 있다. 펜을 들었는가. 단어의 순서로 흐름을 따라가 보자.

'백지 위에 토마스는 먹고 있다. 비빔밥이다. 장소는 한옥마을이다. 시간은 어제다.'

차곡차곡 하나씩 쌓여가는 느낌이다. 그럼 우리말로도 그림을 그려보자. '토마스는 어제 한옥마을에서 비빔밥을 먹었다.'라는 문장으로 그림을 그려 보는 것이다. 하얀 백지 위에 토마스가 있다. 시간은 어제, 장소는 한옥마을이다. 비빔밥을 먹고 있는 것이다.

한글의 문장 순서를 따라가 보니 문장의 주인공의 행동이 2번 언급된다. 토마스가 있다는 것과 토마스가 비빔밥을 먹고 있는 것이다. 주인공의 그림을 하나씩 완성하기보다는 다시 고치는 느낌이 든다. 끝에 가서 확인을 해야 처음의 내용을 그릴 수 있는 것이다. 한글식 순서를 영어로 그대로 옮겨 적용하기에는 어렵다.

마찬가지로 영어신문을 읽는다고 생각해보자. 한글 식으로 문장의 처음에서 '누가'를 확인하고 문장의 중간이나 끝에서 '무엇을'을 확인하는 식으로 말이다. 한 문장만을 이해하기 위한 시선의 이동이 바쁘다. 영어의 순서 그대로 '직독직해'를 해야 한다. 바로 읽은 대로 바로 해석한다는 이야기다. 듣는 것도 마찬가지다. 들은 대로 바로 해석하는 게 중요하다. '누가 무엇을 했는가'의 순서로 듣다 보면 가운데 부분이 어느새 지나가고 없다.

근본적으로 단어를 알아야 하지만 영어의 순서가 우리말과 다름을 이해하자. 다행인 것은 우리에게는 커다란 힘이 되어주는 것이 있다는 것이다. 한글의 '조사'가 그렇다. '~는, ~을' 등이 단어 뒤에 붙기 때문에 순서와 상관없이 의미를 이해할 수 있다. 이런 우리말을 쓰는 한국인은 참 축복받았다.

우리말의 순서를 좀 바꾸어보는 것도 괜찮다. 하루의 일정을 머릿속에 그러면서 스스로 말해보자. '가야지 체육관에 운동하러 오늘.' 친구에게 도 전화해보자. '우리 보자 영화를.'

왜 우리는 '누가 무엇했는지' 먼저 이야기하지 않을까? 이는 학생들에 게 영어를 가르치다 보니 궁금해진 것 중 하나다. 언어는 역사와 문화를 반영한다. 지금은 덜하지만 우리나라는 삼강오륜을 강조하는 유교문화 의 영향을 받았고 그것이 왕과 신하, 손윗사람, 부모님, 친구, 부부의 관 계에서 쓰는 언어에 들어 있다. 높임말을 보면 알 수 있다.

단체 중심의 문화도 이에 기여한다. 6.25 전쟁 이전까지만 하더라도 뿌리 깊은 농경사회였다. 서로 도와야 많은 일을 수월하게 해낼 수 있었 다. 함께 일하는 공동체 생활이 개인보다 더 중요하다고 보는 것이었다. 그러다 보니 나 자신의 이야기를 하는 것보다 공동체의 뜻을 살피는 게 더 중요했다. 스스로의 행동을 시간이나 장소, 주변의 상황 이후에 말하 는 것이리라. 상하관계가 뚜렷한 군대는 더 말할 필요가 없다. 대한민국 남자라면 모두 공감할 것이다.

그럼 영어는 왜 '누가 무엇했는지'를 이야기하는지에 대해 생각해보았 다. 개인주의이기 때문이 아닐까. 그들은 나 자신의 생각과 행동, 감정에 집중한다. 그들은 실수를 하면 미소 한 방과 사과를 날린다. 이어서 행동 을 수정한다. 아니, 실수를 하면 부끄러운 표정으로 고개도 좀 숙이고 '미안하다'는 표현을 더 드러내야 하는 것 아닌가. 그러나 그들은 그렇게 하지 않았다.

미국은 다민족 국가이다. 우리는 영어로 'Korean(한국인)'이라고 표현하지만, 'American(미국인)'은 하나를 더 붙인다. 'African-American(아프리카계 미국인)', 'Norwegian-American(노르웨이계 미국인)', 'Irish-American(아일랜드계 미국인)'등으로 말한다. 당연히 'Korean-American(한국계 미국인)'도 있다.

다양한 민족이 어우러지다 보니 자신 고유의 것을 지켜야 했다. 그러니 자손을 낳으면서 그들만의 문화를 추구하고 인간의 생존 본능에서 자신의 이야기를 해야 했던 것이다. 그렇다. '누가 무엇했는지'는 개인주의에서 나온 언어다. 남에게 피해가 되는 이기주의와는 다르다.

나의 정체성이 의심되는가. 나는 대한민국 국민이다. 그리고 지금 내가 누리고 있는 조국의 환경에 감사한다. 선조들의 흘린 피와 땀이 만든 것이기 때문이다. 그들에게 진심을 다해 공경을 표한다. 따라서 그것을 감히 비판할 생각은 없다. 다만 우리가 영어의 순서를 이해하기에 앞서 우리말을 거슬러 이해해볼 필요가 있는 것이다. 영어의 좋은 점만 확실히 취하자.

내 인생의 선택은 내가 하는 것이다. 거기에 대한 책임도 나의 것이다. 내 인생은 내가 만들어 갈 것이다. 빛을 뿜어내는 것은 결국 혼자 하는 것 아니겠는가. 개인이 가진 빛의 크기를 키우는 데 동의한다면 계속 따라와라. 영어라는 분야에서 빛의 조도를 확 높여주겠다.

말하기:
말하는 영어는 들린다

I am sorry. That's all right.

내가 초등학교 때, 누나는 중학생이었다. 누나는 영어를 공부하며 한 손에 책을 들고 영어로 말하고 다녔다. 뭐라고 하는 건지 물어봤더니 "아이엠쏘리 대쏠롸잇."이라고 말했다. 미안하다는 영어표현은 알고 있었는데 무언가 덧붙여이니 더 멋있어 보였다. 그때부터 중얼거리고 다녔다. '아이엠쏘리 대쏠롸잇. 아이엠쏘리 대쏠롸잇'

당시에는 경기도 송탄에서 고모네 가족이 살고 계셨다. 난 그곳에서 몇 주간 머무른 적이 있었다. 송탄역에 내리자마자 눈에 띄는 것은 외국인이었다. 내가 어렸을 때는 송탄에 대한 지식이 전무했다. 그저 내 눈에 보이는 건 희한한 외국인이었다. 전주에서는 본 적 없는 그 외국인. TV 외화시리즈에서만 보았던 그 외국인들이 내 눈앞에 있었다.

고모 집에서 머무르면서 동네를 거닐 때였다. 금발머리의 소년과 소녀가 놀이터에서 놀고 있었다. 하얀 얼굴에 파란 눈동자였다. 당시 어린 내가 그들을 처음 보고 느꼈던 감정이 생생하다. '이건 현실이 아니야.'라며 신기하게 바라보았던 기억이 있다.

갑자기 영어방송 라디오 진행자가 해준 이야기가 떠올랐다. 그는 외국인만 보이면 말을 걸었다고 했다. 그래서 나도 적용해 봤다. 그들에게 다가가 속삭이듯 이야기했다. "아이엠쏘리. 대쏠롸잇." 얼굴도 보지 않고 말했고 난 그들끼리 말하는 것을 뒤로한 채 도망쳤다. 어린 시절의 나를 떠올리니 그 용기에는 박수를 보내지만 부끄럽기 짝이 없다.

A : I am sorry. (죄송합니다.)

B : That's all right. (괜찮습니다.)

"I am sorry. That's all right."은 대화문이었다. 중학교에 들어가서야 알았다.

가끔 입학 상담을 오신 학부님들께 이런 질문을 받는다.

"저도 영어를 잘하고 싶습니다. 어떻게 해야 하나요?"

대화를 잘하려면 알고 있는 단어가 많아야 한다. 단어를 익힐 시간이 충분치 않다면 '듣고 따라 해보기'를 추천한다. 문장 하나를 듣고 그대로 흉내내는 것이다. 그렇게 연습한 것은 내 귀에 들리기 때문에 바로 수정이 가능하다. 조금 더 적극적인 방법으로 음성을 녹음해보는 것이다. 그렇다. 자신의 목소리를 듣는 것은 쉽지 않다.

나도 녹음 초반에는 내 목소리를 들으며 민망함을 감출 수가 없었다. 그러나 녹음한 것을 들으면 제삼자의 입장에서 자신의 목소리를 들을 수 있다. 스스로를 객관화시키면서 수정하고 보완할 부분을 찾기가 쉬워진다. 본인이 좋아하는 것부터 시작해보자. 그래야 반복하는 과정이 쉽고 재미있다. 외국인 앞에 서면 입에서 자주 맴도는 영어부터 나오기 때문에 반복은 필수다. 그렇다면 왜 자주 연습해야 할까?

빙산의 일각

언어학자들은 개인의 언어실력을 빙산에 비유한다. 바다 위의 빙산을 전체의 20% 정도로 보고 나머지 80%는 수면 밑에 있다고 보는 것이다. 수면 밑의 가라앉은 부분은 훈련량이고 수면 위의 빙산의 일각은 의사소통 능력을 나타낸다. 훈련량이 많을수록 대화에 쓰이는 표현이 풍부해지고 자연스러워진다는 것이다.

나는 제대하고 유럽으로 배낭여행을 갔다. 그 당시 혼자 배낭여행을 다녀 온 사람들이 그렇게 멋져 보였다. 나도 혼자 갔다. 불어나 독일어를 구사해서 유럽여행을 떠난 게 아니었다. 대신 막상 가면 잘해낼 거라는 자신감은 있었다. 여행을 가기 한 달 전에 원어민 선생님과의 대화가 큰 힘이 되는 듯 했다. 머리카락과 눈동자 색깔에 적응된 건지도 모르겠다. 어쨌든 영어는 세계 공용어가 아닌가. 실전에서 부딪쳐보기로 결심한 것 이다.

런던 유스호스텔에서 호주인을 만났다. 럭비선수였던 그는 나와 마찬 가지로 여행을 목적으로 온 것이었다. 나이가 같았던 우리는 어느 날 각 자 관광을 하고 저녁에 같이 만나기로 했다. 이야기를 나눈 후에 그는 이 렇게 말했다.

"See you '데'."

우리는 술기운이 돌 때까지 마셨다. 숙소로 돌아오면서 샌드위치를 사 러 가는 길이었다.

그는 내가 알아들을 수 없는 단어를 넣어서 말했다.

"Will you buy some sandwiches '히' or '데'?"

아, 사투리구나! 'r'사운드가 없는 것은 그 지역 말투였던 것이다. 내가 친구들에게 '그래.'를 '그려.'라고 하는 것처럼.

그 후로도 대화를 나누면서 알아들을 수 없는 단어는 여러 번 질문했던 것 같다. 모르면 물어보고 그 즉시 따라 해보며 대화를 나누었다. 그런 의미에서 내가 학원을 운영하는 첫 달이 기억난다. 아이들에게 보여준 첫 번째 마인드 영상이 떠오른다.

나의 학원에서는 한 달에 한 번, 전 학원생이 모여 짧은 '영상'을 본다. 그것은 '마인드 영상'으로 학생들에게 학습 동기를 부여하고자 함이다. 첫 번째 영상의 주인공은 호주의 닉부이치치였다. 그가 인터뷰하는 장면 중에는 '데', '히' 하고 말하는 부분이 있다. 나도 그 영상을 보면서 '그려.' 라면서 고개를 끄덕였다.

런던 일정이 끝나고 유럽의 각 나라에서 다양한 나라의 사람들을 만났다. 이탈리아에서는 캐나다계 방글라데시인, 스위스에서는 독일인, 프랑스에서는 니제르인(본인은 나이지리아인이 아니라고 거듭 말했다. 영어 발음이 서로 비슷하다.) 등.

다양한 국적의 사람들과 대화하면서 새삼 느낀 게 있었다. '외국인도 나와 같은 사람이구나.' 생김새가 달라도 비슷한 나이의 우리들에게는 비숫한 고민거리가 있었던 것이다. 각자 비슷한 미래에 대한 기대감도 있었다.

반면 그들의 영어는 나를 다소 놀라게 했다. 노랑머리, 파란 눈동자를 가진 그들의 영어는 내가 듣기 연습할 때 들었던 발음이 아니었다. 유창하지 않았다. 영어가 모국어가 아닌 것을 감안하면 당연한 일이다. 그렇다 해도 본인들의 영어 실수를 빠르게 수정해 가는 모습은 눈에 띄었다. 내가 이해하지 못하는 것을 그들에게 다시 물어보자 그들은 실수를 인정하면서 바로 수정한 후에 대화를 이어나갔다. 그들의 얼굴에서는 어색함이나 어쩔 줄 몰라 하는 모습을 찾아볼 수 없었다. 얼마나 멋진가. 어린 시절의 내가 외국인에게 한마디 던져놓고 도망간 게 주마등처럼 스쳐 지나간다.

그들과 대화를 하면서 두 가지를 배웠다. 첫째, 대화는 글자로 하는 게 아니라는 것. 둘째, 당당한 표정은 실수를 받아들이는 것에서 나온다는 것.

지금 생각해보니 그들은 언어보다 그들 자신을 더 크게 생각하고 있었던 것이다. 그것은 바로 자신감이다. 당당하게 외국어를 구사하는 모습에서 그들의 자신감을 고스란히 느낄 수 있었다. 어쩌면 그들은 유창함보다 대화에 우선순위를 둔 것이 아니었을까?

자신감이야말로 의사소통에서 가장 중요한 것임을 느낀다. 단어의 중요성 이전에 언급해야 할 중요한 부분인 것이다. 영어를 말하든, 우리말이든 자신감이 묻어 나와야 할 것이다. 언어는 의사소통의 도구지만 그렇다고 자신감만으로 대화를 해나갈 수는 없다. 내가 알고 있는 것을 자신감을 갖고 표현하는 게 중요하다. 내가 말하는 영어는 들리니까 크고 정확하게 말해보자.

05 듣기:
영화, 드라마, 팝송, 뉴스

우리 학원의 초중생들의 숙제는 주로 듣고 말하기와 단어시험 준비다. 아무래도 듣고 말하기는 초등학생의 비중이 더 높다. 중학생보다 상대적인 시간활용의 여유가 있기 때문일 것이다. 수업시간보다 학원에 일찍 온 친구들은 본인의 스마트폰을 이용하거나 마이크를 잡고 말하기 연습을 한다. 연습하는 것을 보면 듣고 따라 하는 학생이 있고, 자막을 보면서 본인의 발음으로 읽는 학생도 있다. 어떤 학생이 더 빨리 실력이 늘까? 영어 실력과 유창함은 전자의 학생들이 빠르게 올라간다. 그도 그럴 것이 아이들 입장에서는 기다리는 게 쉽지 않다. 빨리 넘겨서 끝내야 노는 시간을 확보할 수 있으니까.

초중생들을 가르치다 보니 '어른은 어떻게 하면 영어를 재미있게 할 수 있을까', '나는 영어를 어떻게 하게 되었지'에 관심이 간다.

성인이 영어를 완성해가는 데 단연 필요한 것은 '듣고 따라 하기'다. 정확히 말하면 듣자마자 따라 하는 것이다. 섀도잉(Shadowing)이라 하면 이해하기 쉬울 것이다. 그림자처럼 따라 말하는 것이다. 말하는 영어는 들린다고 하지 않았는가. 그러면 '듣고 따라 하기'를 꾸준히 한다고 가정해 보자. 무엇을 꾸준하게 할 수 있을까?

1. 나는 무엇을 좋아하지? – 구글링

가장 관심이 있는 분야를 웹사이트 구글에서 검색하는 것이다. 제일 관심 있게 할 수 있는 영역을 말한다. 서점에 갔을 때 유난히 관심이 있는 항목이나 사람들과 대화할 때 귀를 기울이는 부분을 살펴보자. 돈의 흐름에 관심이 있는 사람은 '부동산'이나 '주식'을, 외모를 가꾸어 나가는 데에 관심이 있는 사람은 '패션', '메이크업', '피트니스'를 구글에서 검색해보자. 가능하면 그림이나 사진이 있는 기사가 좋다. 내용의 흐름을 유추해 볼 수 있다는 뜻이다.

2. 그래, 이 부분을 따라 하고 싶었어! – 영화

헐리우드 영화는 정말 유명하지 않은가. 헐리우드 스타일이 아니더라도 영어로 된 영화는 많다. 스스로 감명 깊게 본 영화를 다시 한 번 볼 것을 추천한다. 스스로 재미있어야 함을 다시 한 번 강조한다. 몸과 마음이 지쳐 있는 우리에게는 에너지 충전이 필요하다. 업무나 일과가 끝나고 영화 한 편, 감동과 재미로 채워보자. 혹시 아는가? 어떤 이들은 기상시간이 앞당겨질지도 모른다.

따라 하고 싶은 부분을 찾아서 보자. 따라하고 싶은 문장을 따라서 여러 번 반복하는 것을 통해 어느새 자신감이 붙어 있을 것이다. 언어는 반복이라는 차원에서 나 스스로의 삶에 도움이 된다면 더할 나위 없이 좋을 것이다. 나는 개인적으로 니콜라스 케이지 주연의 〈패밀리 맨〉과 애니메이션의 고전 〈라이온 킹〉을 추천한다. 언어를 뛰어넘어 영화 자체에서 주는 스토리가 내 안에 살아 숨쉬어야 한다. 본인이 제일 재미있어야 한다.

3. 집중력을 선사한다! – 드라마

영화와 드라마의 차이는 무엇일까. 나는 집중력의 차이라고 생각한다. 내가 빠져드는 드라마의 주인공이 되기 쉽다는 이야기다. 영화는 단편으로 끝나는 것에 비해 드라마는 대부분 시리즈로 연결되어 있기 때문에 내가 좋아하는 캐릭터에 빠져들 시간이 충분하다. 어느새 주인공처럼 말하고 생각하는 나를 발견하게 된다.

드라마는 전문용어의 보고이다. 그 드라마가 〈그레이 아나토미〉처럼 의사들의 이야기인지, 〈프리즌 브레이크〉처럼 수감자 및 경찰이 많이 나오는 이야기인지 확인해서 골라보자. 해당 전문용어가 회를 거듭하며 다양한 형태로 귀에 스며들 것이다. 한때 돌풍이었던 〈셜록〉은 귀족풍의 영국 억양을 생생하게 들을 수 있다.

4. 음악이 함께 하는 일상 – 팝송

하루를 보내면서 흥얼거릴 수 있다는 것은 내게 소중하다. 몸이 신나게 움직이는 것도 마찬가지다. 하루가 그렇게 시작되는 것이다. 여기서는 언어에 대해서만 언급하겠다.

내게 음악은 크게 두 종류이다. 노래를 들었을 때 가슴이 찡 하는 음악, 어깨와 발바닥이 위아래로 들썩이는 음악이다. 그날의 감정 상태를 확인하면서 듣는다.

설거지할 때나 청소를 할 때는 가능하면 파티나 댄스 음악을 듣는다. 기왕 할 거 에너지라도 왕창 받자는 심정이다. 울적하거나 무기력할 때도 마찬가지다. 그때는 분위기가 전환되는 역할을 해준다. 나에게는 블랙아이드피스의 'Where is the Love?', 브루노마스의 'Uptown Funk'가 제격이다.

우울한 감정을 공감을 해주면서 힘을 더해주는 신기한 노래도 있다. 시아의 'Chandelier'를 들어보라. 약간은 몽환적이지만, 후렴구의 폭발적인 보컬은 듣는 이에게 시원함을 선사한다. 나는 개인적으로 1,2,3을 반복하는 부분에서 의지를 다져나간다.

　나는 영어뉴스 채널이 CNN 하나만 있는 줄 알았다. 그리고 CNN이 내 귀에 익숙하다. 뉴스 진행자는 랩을 방불케 할 정도로 빠르게 말한다. 키워드를 짚으면서 요약하는 것도 쉽지가 않다. 따지고 보면 우리나라 뉴스도 마찬가지다. '공천'이나 '탄핵'처럼 평소에는 잘 쓰지 않는 정치용어들이 뉴스에 나오지 않는가. 실용단어가 아닌 전문용어들이 영어뉴스에도 나오는 것을 생각해보면 한결 편한 마음으로 시청할 수 있을 것이다.

　영어뉴스 시청의 좋은 점은 키워드가 자막으로 나와 있다는 점과 영상으로 볼 수 있다는 점이다. 그런 점에서 유튜브를 적극 이용해보자. 원하는 분야를 선택해서 '이런 내용들이 나오겠다.', '아, 이럴 때는 이런 단어를 사용하는구나.' 하고 알아들을 수 있을 것이다.

　영어뉴스의 3대 채널의 출처를 알자. CNN(Cable News Network), ABC(American Broadcasting Company)는 미국 방송국이고 BBC(British Broadcasting Corporation)는 영국방송국이다. 알다시피 발음과 단어에 차이가 있으니 알고 보도록 하자. 방송국의 약자를 참조하면 정확해 질 것이다.

　이 정도면 듣기 환경에 제대로 노출될 수 있다. 영화나 드라마 팝송은 마음만 먹으면 얼마든지 대본이나 가사를 구할 수 있다. 활자를 눈으로 보고 소리 내어 말하면 확실하게 들릴 것이다. 뉴스의 대본은 주로 위에 언급한 3대 뉴스 사이트로 들어가서 관심 분야의 기사를 클릭해보자. 머리글 기사는 글 자체가 대본인 경우가 대부분이다. 영상도 첨부되어 있으니 함께 확인할 수 있다.

학생들을 가르치면서 그들이 마음의 눈을 닫아버리는 경우를 종종 목격한다. 영어에서는 영문으로만 되어 있는 것을 접할 때 그런 반응을 보인다.

영어로 되어 있는 영화나 드라마를 눈여겨보자. 그것은 그 나라의 문화이다. 나를 움직이는 팝송을 외워보자. 신나게 혹은 위로를 받으며 나아가는 것이다. 더 나아가 뉴스까지 도전해보자. 시작에 정해진 선은 없다. 마음에 드는 것을 선택했다면 언제 하는지가 더 중요하다.

읽기:
영자신문 독자가 되자

혹시 한글로 된 책을 읽다가 진도가 나아가지 않는 느낌을 받은 적이 있는가? 책을 펼쳐놓긴 했는데 책의 내용과 관계없는 그림이 머릿속에 떠오른 적이 있는지 물어본 것이다. 아마 다 그런 적이 있지 않을까. 내 경우에는 2가지 원인이 있다.

첫 번째로 모르는 단어나 단어들이 나왔기 때문이다. 글자는 눈에 보이는 데 머릿속에서는 다른 생각을 하기 쉽다. 그럴 때는 사전을 찾아봐서 정확한 뜻을 확인해야 하거나 머릿속에 물음표를 찍고 내용의 흐름에 더욱 박차를 가해야 한다.

단어의 뜻이 먼저야? 글의 흐름이 먼저야? 나는 그 2가지를 합친 게 가장 좋다고 생각한다. 먼저 모르는 단어를 품고 글을 읽는 것이다. 글의 흐름에서 의미를 유추해보는 것이다. 독서가 끝나면 그때 사전을 펼쳐 의미를 확인한다. 모르는 단어의 뜻이 글에 숨어 있겠다는 생각이 들면 책에 더욱 집중하게 되기 때문이다. 내용의 흐름도 계속해서 이어갈 수 있다.

두 번째로 집중의 끈을 놓았기 때문이다. 여러 가지 이유가 있다. 책을 읽다가 더 중요한 게 생각났다든지. 문장과 문장의 흐름이 본인의 스타일이 아닌 경우다. 집중력이 흩어졌다면 원인을 생각해 보는 것도 좋은 방법인 것 같다. 사람이니까 그렇다는 말로 위로한 후에 스스로 원인을 한 번 찾아보자.

내가 생각하는 집중력이란 그 사람의 관심도와 비례한다고 본다. 개인마다 이유가 다를 수 있으므로 이번 장에서는 모르는 단어가 나왔을 때 어떻게 해야 하는지부터 확인해보자. 우리가 처음 보는 우리말을 어떻게 대하는지 살펴보면 영어를 바라보는 시각이 조금 더 유연해질 것이다. 적어도 영어로 뒤덮인 영자신문을 보고 마음의 장벽을 쌓아 올리지는 않을 것이라 본다.

영자신문을 독해하는 법

영자신문을 구독한 적이 있다. 영자신문에는 미국 현지의 소식을 담은 신문이 있고, 우리나라 소식을 영어로 번역한 신문이 있다. 난 후자의 신문을 보았다. 끝내 가지는 못했지만 미국으로 유학 갈 생각으로 영자신문을 구독했던 것이다. 현지에 빠르게 적응하고자 하는 목적이 있었다.

영자신문을 구독한 지 얼마 되지 않아 이런 생각이 들었다.

'인터넷에서 기사 글 하루에 하나씩만 봐도 충분한데….'
'다 읽지도 못할 것을 괜히 신청했다.'

내가 왜 이런 생각을 했을까. 실로 부담이었던 것이다. 미국 가서 살 생각을 했는데도 막상 영어로 도배된 신문을 보고 그렇게 생각했다. 취소하기로 결정했지만 신문사는 전화를 받지 않았다. 아침이면 어김없이 신문은 날라왔다. 점점 쌓여가는 신문. 내 마음은 신문사절이지만 기왕 이렇게 된 거 한 번 보자고 마음먹었다.

같은 뜻 다른 표현 – Paraphrase(바꾸어 말하기)

당시 화제가 되었던 것은 황사였다. 영자신문 머리기사로 'Yellow sand'라는 글자가 대문짝만 하게 눈에 들어왔다. 전날 밤 9시 뉴스에서도 들었던 탓일까. 대문 앞에 있는 신문을 집어 들었다. 다음 페이지를 넘겨 보니 'Yellow dust', 그 다음 페이지도 'Sandy dust'라는 단어가 눈에 들어왔다. 맞다. 전부 황사에 관한 것이었다. 짧은 단어라 더욱 눈에 들어오기도 했을 것이다. '황사'를 다양하게 '노란 모래', '노란 먼지', '모래의 먼지' 등으로 표현한 것이다. 같은 뜻의 단어를 다양하게 표현해 놓은 것이었다.

영어단어 중에 'Paraphrase'라는 단어가 있다. '바꾸어 말하기'라는 뜻이다. 공인인증시험인 TOEIC 또는 TOEFL을 공부하다 보면 자주 접할 수 있다. 뜻은 같지만 다양한 영어표현을 보니까 오히려 '황사'라는 우리말이 더욱 생생하게 다가왔다. 신기한 경험이다. 영어로 한글을 더 알아가는 꼴이라니. 내가 우리말을 제대로 익히지 않은 후폭풍을 그때 맞은 건지도 모르겠다.

기사 제목과 사진 - 흐름 파악의 주요 단서

영어신문을 읽으면서 장점을 하나 더 발견했다. 매 기사마다 제목이 있다는 것과 신문의 기사 반절은 사진이 함께 있다는 것이다. 모르는 단어를 추측해 보고, 한 번 더 되뇌어 볼 수 있었다. 정확한 뜻을 알면서 기억하려 노력했던 단어에는 힘이 실린다. 사진과 함께 기억의 잔상에 오래 남아 있는 것이다.

매일 신문이 오기에 펼쳐보지 않은 적은 거의 없다. 궁금하니까 들추어보고, 사진이라도 보면서 영어단어 하나라도 더 보긴 했다. 영어를 잘하고 싶은 나로서 '어떻게 하면 영자신문을 잘 활용할 수 있을까?'를 질문하게 만들었다. 신문 구독료를 낸 만큼 얻어야 해야 한다고 생각한 것이리라. 그리고 신문을 집어 들고 소리 내어 읽기 시작했다.

지금 생각해보면 '모를 때가 가장 용감하다'는 말이 딱 맞다. 단어를 모르더라도 기사 글 하나를 냅다 낭독하기 시작했다. 신문을 소리 내어 읽다가 무슨 생각이 들었는지 아는가. 유창한 아나운서라도 된 듯한 느낌이었다! 뉴스가 사실(Fact)들로 이루어진 것이란 느낌 때문일까. 신문을 읽는 동안 난 9시뉴스 진행자가 되어 있었다. 그러면서 자연스럽게 영어뉴스 진행에 관심이 갔고 영어뉴스를 찾아보았으며 영어뉴스로 하는 수업을 찾아가 수강하기도 했다.

즉 내가 말하고자 하는 것은 다양하게 시도할수록 뜻하지 않은 곳에서 영감이 떠오를 수 있는 것이다. 영어를 재미있게 익힐 수 있는 다양한 방법을 체험할 수 있다는 이야기다. 뉴스이기 때문에 관심분야가 넓어지는 것은 덤이다.

영자신문은 강력한 영어생활화 방법 중 하나이다. 그 체험을 바탕으로 신문을 읽으면서 좋았던 점을 3가지로 다시 한 번 요약하고 이 장을 마무리하겠다.

첫 번째, 최신 시사정보를 영어로 접할 수 있다. 최신 용어를 접했다는 것은 한글로 대화할 가능성이 크다는 이야기다. 사람들과 우리말로 대화할 때 내가 알고 있는 영어단어는 머릿속에서 되뇔 수 있다. 즉 따로 시간을 내지 않아도 된다는 말이다.

두 번째, 같은 뜻의 단어가 다양한 영어로 표현된다. 다양한 각도로 다가오는 단어들을 정확하고 생생하게 이해할 수 있다. 부모님께 들어오던 말을, 선생님을 통해 듣고 행동이 변하는 것처럼 말이다.

세 번째, 기사에는 사진이 있어 무슨 뜻인지 한 눈에 파악하기가 쉽다. 뜻을 모르면 나중에 찾아보겠지만 먼저 기사의 제목과 사진을 보고 뜻을 짐작해보자. 기사 내용의 흐름을 끊지 않고 이어갈 수 있다.

신문을 들고 소리 내어 읽어보자. 특히 다른 사람이나 많은 사람들 앞에서 말하는 것을 중요하게 생각하고 있다면 말이다. 대중 연설가나 강연가가 된 느낌으로 힘차게 읽어보자. 소리 내어 읽기는 말에 힘을 실어주고 성량을 풍부하게 해줄 수 있다는 것도 기억해두자.

07 쓰기:
그날 있었던 일은 일기로

"하지만 저는 포기하지 않았습니다."

성공한 사람들의 인터뷰에서 한결같이 듣는 이야기다. 그들도 사람인데 어찌하여 상황에 굴복하지 않았을까. 오히려 실패를 도약의 기회로 삼은 그들에게는 어떤 공통점이 있는 것일까?

모두에게 적용되는 성공의 법칙은 없을 것이다. 각자의 생김새가 다르듯이 이 세상에 온 이유는 개인마다 다를 것이다. 하지만 많은 사람들은 성공한 사람들의 이야기에 귀를 기울인다. 그것은 변하고 싶어서일 것이다. 변화하여 성공한 삶을 영위하고 싶어서일 것이다. 나는 어떤 면에서는 이미 누리고 있는 게 많다. 그러나 여전히 변화하고자 하는 욕구가 강하게 살아 숨 쉬고 있다. 그리고 성공으로 이끄는 변화의 힘은 '쓰는 것'에서 비롯된다.

'쓴다'는 것은 준비와 행동을 요구한다. 종이와 펜을 준비해서 무언가를 써야 한다. 쓰는 행위가 마음에 부담인 사람은 준비과정부터 익숙하지 않다. 그리고 지속해야 함은 누구나 할 수 있지만 아무나 해내는 것은 더욱 아니다. 주변에서 일기 쓰는 사람을 우러러 보는 것은 쉽지 않은 일을 해내고 있다는 경의의 표현이 아닐까.

글의 힘

대부분의 성공자들은 어려운 난관을 헤쳐 온 사람이라 할 수 있겠다. 그런 상황 속에서도 그들은 이겨낸 것이다. 그리고 그들은 입을 모아 포기하지 않을 수 있었던 비결은 '일기'였다고 말한다. 왜 일기가 성공의 기초가 된 것일까?

『종이 위의 기적, 쓰면 이루어진다』의 저자, 헨리에트 앤 클라우저는 말한다. "쓰는 게 이루어질 확률이 높은 이유는 글자가 눈에 드러난 실체이기 때문이다."

생각해보니 글자를 눈으로 확인하는 순간, 내 두뇌에서는 느낌과 행동을 유도하는 듯하다. 마치 없던 회로가 활성화된 듯한 느낌이랄까. 우리가 거울을 보기 위해 거울 앞에 섰다고 생각해 보자. 그리고 거울 옆에 있는 문구를 보는 것이다. 그 문구에는 이렇게 적혀 있다.

'난 예뻐. 참 잘생겼어.'

이 문구를 보면 어떤 생각이 들겠는가. 마음에서 어떤 마음이 일고 있을지 상상이 가지 않는가. 물론 주위에는 아무도 없다는 전제하에 말이다.

글에는 힘이 실릴 수밖에 없다. 막연한 생각을 글씨로 옮겨가는 과정 자체가 적극적인 행위를 요구하기 때문일 것이다. 그리고 내가 원하는 방향을 써야 할 것이다. 영어도 마찬가지 아닐까.

영어일기, 실전 돌입하기

나는 영어로 일기를 쓴다. 어떻게 들리는가. 멋져 보인다면 이제 일기를 영어로 써보겠다고 다짐해보자. 위에 언급한 것과 같이 글의 힘은 인생을 바꾸는 원동력이다. 따라서 우리말 일기 옆에 한두 문장을 쓰는 것으로 시작해보자. 그러면 영어로 일기를 쓸 때 다음 2가지를 기억하자.

첫째, 쓰고자 하는 우리말을 영어단어로 바꾸기
둘째, 1번을 지속하기

1번은 무언가 복잡하게 들릴 수 있다. 영어단어를 많이 알면 되는 거 아닌가 생각할 수도 있다. 맞다. 영어단어를 많이 알면 상당 부분 해결된다. 그리고 영어일기를 쓰다 보면 한영사전을 많이 보게 된다. 문제는 우리가 우리말을 다양하게 쓸 수 있다는 것이다.

아이들과 수업하다 보면 종종 이런 질문을 받는다.

"영어로 '마치'가 뭐예요?" 아니면 "'그냥'은 영어로 어떻게 해요?"

영어강사 초창기에는 곧잘 대답해 주었다. "둘 다 'Just'야." 그러면 이런 질문이 들어온다.

"왜요?"

어떻게 보면 우리말과 같은 맥락이지만 영어단어 'Just'는 부사로 '그냥'이라는 뜻으로 유명하다. 전치사 'Like'와 함께 쓰이면 '마치 ~인 것처럼'이라는 뜻이 되고, 시간의 흐름을 나타낼 때에는 '방금, 막'이라는 뜻이다. 그래서 'Just married'는 그냥 결혼했다는 말이 아니다. '방금 결혼했다'는 뜻이다.

지금은 아이들이 영어단어를 물어보면 이렇게 되묻는다.

"어떤 문장에서 쓰이는 거지?"

다 큰 여자가 오랜만에 고향에 왔다고 해보자. 할머니는 "우리 손녀, 참 곱다."라며 반길 것이다. 반면 고향 남사친(남자사람친구)은 뭐라고 할 것 같은가. "너 정말 고와졌다."라고 하겠는가, 아니면 "너 예뻐졌다."라고 하겠는가. 어쨌든 영어로는 모두 'Beautiful'로 표현한다. 결국 할머니와 남사친은 모두 예뻐졌다고 말하고 싶은 것이다.

다양한 우리말 표현을 영어단어 하나가 의도를 파악했다고 봐도 무방한 사례이다.

이런 경우는 어떤가. 마트에 가서 물건을 산 이야기를 일기로 쓰고 싶은 것이다. 그날 쇼핑 품목 중 하나는 '고기'였다고 가정해보자.

이번에는 앞의 사례처럼 편하지 않다. 품목과 수량을 구체화해야 한다.

'고기'를 샀으면 어떤 고기를 샀는지 알아야 한다. 돼지고기면 'Pork', 쇠고기면 'Beef', 생선이면 'Fish', 닭고기면 'Chicken'이라고 써줘야 하는 것이다. 돼지고기나 쇠고기라면 두루뭉술하게 'Meat'라고 표현할 수도 있다.

품목이 정해졌다면 수량을 적어줘야 한다. 영어에서의 명사는 셀 수 있는지 없는지 따져야 한다. 영영사전에서 명사인 단어에는 C. 혹은 U.라고 표기되어 있다. 이런 것을 보면 영어를 사용하는 그들에게는 셀 수 있는지 없는지가 중요한 것이다.

영어에서 고기는 셀 수 없는 명사이다. 이럴 때에는 단위를 붙여준다. 몇 개의 덩어리 혹은 두 개의 얇게 썬 조각 등으로 말이다. 다시 말해 '닭고기 600g'은 '600 grams of chicken'으로 표현하는 것이다.

이제 1번을 매일의 일기에서 지속해보는 것이다. 조금씩 영어 단어를 점차 넓혀가는 것이 중요하다. 다음과 같은 식으로 해보자.

닭고기 - 600g의 닭고기 - 나는 600g의 닭고기를 샀다. - 나는 마트에서 600g의 닭고기를 샀다. - 나는 오늘 마트에서 600g의 닭고기를 샀다.

이때 기억해야할 것은 영어의 순서이다. 4장의 3번째 목차 '언어의 순서'를 참고하면 도움이 될 것이다.

명사만 놓고 보자면 영어는 어떻게든 셀 수 있길 원하는 것 같다. 영어를 사용하는 사람들이 그렇게 원했을 것이다. 이유를 생각해보니 누구에게나 똑같이 분배하여 주고받는 것을 좋아한 게 아니었을까. 서로 싸우지 않고 화합하려는 목적이 있었을 것이다. 그렇지 않으면 다양한 민족들 사이에서 살아남기가 쉽지 않다고 여긴 것은 아닐까.

영어로 일기를 쓰면서 말하고자 하는 바를 먼저 파악하는 것과 구체화시키는 것을 배워보자. 정확한 수량을 적는 습관은 목표와 꿈을 써내려 갈 때에도 적용할 수 있기 때문이다. 어떻게 얼마나 달성할 수 있을지를 객관적으로 알 수 있다. 그래서 영어를 쓰는 미국이나 영국이 일찍부터 선진국 대열에 들어서지 않았을까 하는 생각도 해본다. 열정적인 젊은이들이 수치화된 목표를 정하고 달성해 왔을 것 아닌가. 그런 면에서는 나도 적극적으로 본받고 있다고 하겠다.

성공한 사람들은 다 하고 있다, 나만의 기록, 일기를 쓰자

1. 영어 문장의 시작은 무조건 '누가 뭐했다'로 시작하자.

'I went …', 'She gave …', 'My son walked …'

2. 시제, 시간의 흐름에 유의하자.

- **'과거'시제 :** 있었던 일을 쓸 때

  □ 동사의 3단 변화 형태 중 두 번째로 표기.

"I bought some ice cream."

- **'현재'시제 :** 본인의 습관을 나타낼 때

  □ 동사의 3단 변화 형태 중 첫 번째로 표기. 단, 주어가 3인칭 단수일 때 's'나 'es'를 붙임

"My sister usually wakes up at 7."

- **'미래'시제 :** 앞으로의 약속, 계획을 나타낼 때

  □ 주로 will, be going to를 사용

"I will not be angry again."

"I am going to eat breakfast from now on."

3. 긍정적으로 마무리하자. 일상에서 얻은 교훈이나 앞으로의 다짐도 좋다.

☐ 글로 표현되는 것은 나의 '생각'이다. 밝고 희망찰수록 좋지 아니한가.

4. 영어로 쓸 때 막히면, 〈to+동사〉를 적극 활용하자.

☐ 어지간한 것은 다 만들 수 있다. 거의 모든 한글의 해석이 〈to+동사〉로 가능하기 때문이다.

■ **~하는 것 :** To exercise every morning is important to me. (매일 아침 운동하는 것은 내게 중요하다.)

■ **~하는 :** the mart to sell almost everything (거의 모든 것을 판매하는 마트)

■ **~하기 위해 :** to experience the new thing (새로운 것을 경험하기 위해)

■ **~해서 :** glad to give him information (그에게 정보를 줘서 기쁜)

☐ 〈to+동사〉가 감정형용사 뒤에 쓰일 때는 감정의 원인을 나타낸다.

감정에 솔직해봐, 감정형용사 10

기분 좋음

happy(행복한) / joyful(기쁜) / cheerful(쾌활한) / enthusiastic(열정적인) / proud(자랑스러운) / confident(자신감 있는) / pleased(기쁜) / amused(즐거운) / peaceful(평화로운) / hopeful(희망찬)

기분 안 좋음

sad(슬픈) / depressed(우울한) / gloomy(우울한) / afraid(두려운) / scared(무서운) / regretful(후회스러운) / anxious(걱정하는) / concerned(근심 있는) / worried(걱정하는) / upset(화가 난)

문법:
문장에 정답은 없지만 규칙은 있다

'1+2'

위 문제의 답이 무엇인지 알 거라 믿는다. 맞다. 숫자 3이다. 수학 문제
에는 답이 정해져 있다. '정답'이 있다는 것이다. 누가 풀어도 1+2는 3이
다. 영어는 어떨까?

A : Do you like this song?

B :

'이 노래를 좋아하는지' A가 B에게 묻는다. B는 어떻게 말해야 하는가.
나의 질문에서 말이 되지 않음을 느꼈을 것이다. B의 대답은 오로지 B의
생각에 달려 있기 때문이다. 다만 이런 경우에 B가 좋아한다면 '네, 좋아

요.', 반대라면 '아니요, 안 좋아해요.'라고 할 것이다. 개인의 성격과 취향에 따라 답이 달라질 수 있다는 말이다. 그래서 영어와 같은 언어에는 정답이 아니라 모범답안이 있을 뿐이다.

문법은 따라야 하는 규칙

영어에는 정해진 답이 없다. 대신 따라야 하는 규칙은 있다. 그 규칙을 '문법'이라 한다. 문장의 법칙이라 생각하면 이해가 쉬울 것이다. 과거의 '영문법'은 내게 부담스러웠다. 지금 생각해보면 문법은 핵심이 아니라 예쁜 장식에 불과한 것이다. 내게 부담감이 있었던 것은 내 손 안에 잡히지 않아 생긴 막연함 때문이었으리라.

영어단어는 본래 갖고 있는 성격이 있다. 그것을 품사라 한다. 영어의 품사는 8개가 있다. 그리고 그 품사는 문장 안에서의 위치에 따라 역할이 달라진다. 사전에서 영어단어 하나를 검색해보자. 하나의 단어에 여러 개의 품사를 가지고 있는 경우가 다반사다. 같은 영어단어가 문장 안에 놓이는 위치에 따라 품사가 달라질 수 있음을 의미하는 것이다. 그러므로 영어사전을 볼 때 1번 뜻 외에 여러 가지 품사의 뜻도 눈여겨보자. 따라서 문법을 공부하려면 그 출발이 '품사'여야 한다.

이 책은 문법책이 아니기 때문에 자세한 문법 내용은 다루지 않을 것이다. 자세한 문법 지식을 원한다면 예문이 풍부한 문법책을 서점에서 구입해보자. 나는 '영문법'을 생각을 '조리 있게' 전달하는 도구로 생각하기 때문이다.

다음은 어느 외국인 노동자의 인터뷰를 각색한 내용이다.

1. "사장님 예쁘다 해."
2. "사장님은 예쁘십니다."

먼저 같은 점은 무엇일까. 1번과 2번 모두 사장님께 예쁘다고 말하고 싶은 것이다. 그럼 다른 점은 무엇인가. 2번은 정확한 문법을 구사했고 1번은 그렇게 하지 못한 것이다. 이를 통해 '의사소통'에 목적을 둔 언어 학습자에게 문법의 비중이 어느 정도 되는지 이해할 수 있다.

동사, 영어의 가장 큰 뿌리

모든 문법의 뿌리는 8품사라 본다면 그중 '동사'는 가장 커다란 뿌리라고 할 수 있다. 왜냐하면 동사는 '시간'에 따라, 동사의 '행위자'에 따라 모양을 바꾸기 때문이다. 이 부분을 공부하면서 영어를 모국어로 쓰는 사람들의 마음을 이해하길 바란다.

1. I dance to the music. (나는 그 음악에 맞추어 춤춘다.)
2. I danced to the music. (나는 그 음악에 맞추어 춤췄다.)

위 두 문장의 차이는 2번 문장에 'd'가 하나 더 붙었다는 것이다. 맞다. 2번 문장에서는 과거의 의미를 나타내고 싶었던 것이다. 두 문장의 차이는 '시간'의 차이가 있다. 현재와 과거. 다음 문장도 함께 보자.

3. Tim dances to the music. (Tim은 그 음악에 맞추어 춤춘다.)
4. Tim danced to the music. (Tim은 그 음악에 맞추어 춤췄다.)

4번 문장은 2번과 같이 'd'만 하나 더 붙었다. 3번은 어떤가. 1번과 비교하면 아무것도 안 붙어 있어야 하는 거 아닌가. 왜 's'가 하나 더 붙어 있는 것인가. Tim 때문이다. Tim은 제삼자이자 혼자이다. '3인칭 단수'라는 말을 들어봤을 것이다. 시간이 '현재'인 문장에서 행위자가 '3인칭 단수'일 때 동사에 s나 es를 붙여주게 되어 있다. 규칙으로 정해놓은 것이다.

현재, 가장 소중한 시간

3인칭 단수가 '현재'의 문장에서 행위자, 즉 주인으로 나왔을 때 왜 항상 's'나 'es'를 붙여야 하는가. 규칙을 규칙으로 익히면 된다. 그러나 이유를 알게 되거나 이유에 대해 생각할수록 규칙에 힘이 실리게 된다. 여기서 나의 생각을 공유하고자 한다. 내가 내린 결론은 영어권 사람들이 '현재'를 지나간 시간보다 소중히 여긴다는 것이다. 현재를 뜻하는 'Present'

가 '선물'의 뜻을 갖는 것이 우연이겠는가. 그럼 왜 3인칭 단수일 때 변화되는가?

주어, 동사의 주인

먼저 '인칭'을 살펴봐야 할 것이다. '인칭'이란 '사람을 일컫다'라는 뜻이다. 쉽게 말해 '사람'이다. 영어에서 사람은 크게 3부류이다. 1인칭부터 3인칭까지이다.

1인칭은 '나'와 나를 포함한 '우리'이다. 2인칭은 '너'와 너를 포함한 '너희들, 여러분'이다. 3인칭은 1, 2인칭을 모두 뺀 나머지이다. 너와 내가 빠지면 모두 3인칭인 것이다.

'지금'을 가장 중요한 시간으로 본다면 가장 중요한 사람은 누가 될 것인가. 말하는 사람과 그 상대방이다. 말하는 사람이 '나'라면 상대방은 '너'인 것이다. 대화 중에 제삼자가 나온다면 구분해야 한다. '지금' 이 시간의 '나와 당신'은 가장 소중한 것이다.

'I'가 1인칭인 이유는 서구사회의 '개인'의 중요성을 나타낸다고 본다. '나'는 최우선인 것이다. 비유적인 이야기가 있다. '내 안의 빛이 밝아야 다른 사람들을 환하게 비출 수 있다.' '나' 자신이 타인에게 영향을 줄 수 있는 중요성을 이야기해준다. 그런 의미에서 '나 하나라도'의 정신이 전체에 영향을 준다는 것이다. 타인에게 영향력을 선사하는 '나'임을, 소중한 '나'임을 영어를 가르치며 느낀다.

우리나라 중학생 이상의 학생들만 보자면 문법을 알아야만 학교 시험 문제를 풀 수 있다. 학생의 입장에서 학생의 위치에 충실해야 하는 것이 맞다. 그러나 내 생각을 영어로 표현하는 데는, 언어의 교육 목표는 '의사소통'에 있어야 한다고 강조하고 싶다. 내가 무엇을 말하고자 하는지 의도를 정확히 하자.

5

영어는 인생을 바꾸는 시작점이다

"Our greatest weakness lies in giving up.
The most certain way to succeed is
always to try just one more time."

– 토마스 에디슨

영어는 인생을 바꾸는 시작점이다

영어교육은 나의 첫 직업이 아니었다. 나의 첫 사회생활은 보험 판매와 은행 근무였다. 금융권의 사회생활을 모두 합치면 약 1년 10개월 정도이다. 그 시간이 아니었다면 영어강사를 하지 않았을 수도 있다. 그때 영어강사를 향한 간절함을 가질 수 있었으니까.

나의 첫 사회생활

돈을 엄청 벌 수 있다는 이야기에 보험영업 시작했다. 군대를 갓 전역한 후배를 설득하여 입사시킬 정도로 열정적으로 임했다. 그러나 계속 보험을 판매해야 한다는 부담감이 스스로를 짓눌렀다. 게다가 불안정한 수입구조는 일을 지속할 수 없는 타당한 이유로 작용했다. 머지않아 퇴사 후 신협에 입사했다.

신협에 입사하니 다들 내게 딱이라고 말해주었다. 내 이미지가 정확하고 바른 이미지여서 그랬던 것 같다. 주위 사람들이 그렇게 말했다. (이미지가 궁금하다면 유튜브, '강쌤 혼자영어TV'를 검색해보자. 구독은 무료다.)

신협에서 반 년 정도 일하게 된 것이 영어강사로 일하는 데에 결정적인 작용을 했다. 당시에는 그곳의 경영방침이 나와 맞지 않다는 이유로 직업 전환을 고려했다. 그런 마음이니 직장생활이 평화로울 수 없었다. '이럴 바에야.'라는 생각이 나를 점령해버렸다. 부모님과 주변 시선으로 묻어놓았던 학원강사의 길을 걷고자 마음을 굳힌 것이다.

영어 교육, 그 씨앗

영어강사가 되어야겠다고 처음 마음먹은 것은 대학교 4학년 때 영어 수업을 받으면서였다. 그때 영어 수업을 진행한 분이 학원장이셨다. 대학로에서 본인의 이름으로 영어학원을 운영하고 계셨다. 나는 학교의 게시판을 보고 그분의 수업을 신청한 것이다. 수업은 에너지가 넘쳤다. 그분의 힘 있는 목소리와 위트 넘치는 이야기는 수강생들을 수업에 몰입시키기 충분했다. 가끔은 종교 이야기도 하셨다. 아직도 생각나는 재미있는 이야기가 있다.

"저는 1980-1990년대에 대학에 다녔습니다. 당시에는 대학교 주변에서 데모가 끊이질 않았습니다. 언젠가 대학교 근처를 거닐 때였습니다. 갑자기 눈물이 흐르는 거였습니다. 저는 본능적으로 하나님이 제게 임하셨다는 것을 알았습니다. 눈물이 멈추지 않아 찬송가를 계속 불렀습니다. (손사래를 치며) 최루탄 때문에 운 게 아닙니다."

글로 옮겨 보니 그분의 수업이 생생하게 떠오른다. 그분을 보면서 나도 영어강사를 해야겠다고 다짐했다. 수강생들과 재미있게 보내는 그 일이 재미있겠다고 여긴 것이다. 군대에서도 틈틈이 영어공부를 했다. 간부로 군 복무를 했기 때문에 주말마다 외출이 가능했다. 나는 그 시간을 활용해 영어학원에 다녔다. '제대하면 영어강사가 되어야지. 그러려면 문법부터 정확하게 알아야 해.' 하면서 두꺼운 문법책을 샀다. 그것을 정독하면서 곳곳에 밑줄도 그었다. 가르치기 위해서는 내공이 필요하다고 생각했다.

영자신문인 코리아 헤럴드도 정기 구독했다. 영어로 빼곡히 채워진 신문을 처음 봤을 때 나를 반겨 준 것은 부담감이었다. '언제 다 읽나. 하지만 난 영어강사가 되기로 하지 않았나.' 부담감을 즐기리라 마음먹고 영자신문을 보았다. 이해되지 않아도 읽고 낭독했다. 모르는 단어가 나올 때는 사진을 보면서 최대한 유추했다. 그런 후에 사전을 찾아 정확한 뜻을 익혔다. 단어를 수첩에 옮겨 몸에 지니고 다녔다.

영어교육 시작

군 복무를 마치고 취직이라는 현실을 맞이해야 했다. 높은 임금을 좇아 금융권의 직업을 2번을 거친 후에 영어강사를 시작했다. 초등생과 중등생을 대상으로 하는 영어학원에 입사한 것이다. 강사로서 아이들을 가르치면서 느낀 게 있다. 내가 기대했던 것과 다르다는 것이다. 재미있고 쉬운 수업을 해주면 아이들이 환호하고 따라올 것이라 상상했다.

그러나 생각만큼 아이들은 낭만적이지 않았다. 진행하는 대로 따라오면 좋으련만 아이들은 다양한 형태의 관심을 요구했다. 교사의 말을 자르고 질문하거나 친구를 이르거나 놀렸다. 수업 분위기가 흐려지거나 맥이 끊기는 느낌이었다. 능숙하게 다루기가 쉽지 않았다. 그렇게 교사 경험은 점차 쌓여갔다. 그때 수업 분위기를 해치는 요소 2가지를 정립해서 그것을 아이들에게 확실히 주입시켰다. 그때서야 비로소 수업을 자연스럽게 이끌어갈 수 있었다. 다음은 그 2가지다.

1. 반 친구의 이름을 부르지 않기
2. 부정적인 언어 사용 금지

1번처럼 반 아이들이 친구의 이름을 부르면 수업을 듣던 아이들의 시선이 다른 곳으로 옮겨진다. 짓궂은 농담이 시작되기도 한다. 특정 학생은 웃고 있고, 다른 학생은 기분이 상한다. 따라서 어떠한 경우에도 수업 시간에 친구의 이름을 부르는 것은 금지다.

2번은 내가 참을 수 없는 경우다. 학생들은 무슨 뜻인지 모른 채 비속어를 쓴다. 수업은 함께 먹으려고 둘러앉은 밥상과 같다. 누군가 밥상 위에 쓰레기를 던져 놓고 웃고 있다면 바로잡아야 할 것이다. 교사는 수업 분위기를 책임지겠다는 마음가짐을 가져야 한다. 반 아이들의 성향은 모두 다르지만 교사는 학습 분위기를 만들 수 있어야 한다. 다행인 것은 아이들의 행동 수정이 굉장히 빠르다는 것이다. 그렇게 교사로서의 역할이 정립되어 갈 때 학원장 제의를 받았다.

학원에 일어난 것은 모두 학원장 책임

나는 스스로 CEO임을 높이면서 원장이란 직책이 주는 느낌을 즐겼다. 아마 그 중요도를 몰랐기에 책임감을 제대로 느끼지 못했다. 그동안 나를 거쳐간 사람들을 돌이켜보니 더욱 그렇다. 여러 형태로 나와 학원 방침에 맞지 않은 사람들이 있었다. 그런 사람들과의 관계로 인해 신경이 곤두섰다. 예고 없이 문을 활짝 여는 불청객 같은 사람들이었다. 학원 교수법을 배우려 하지 않는 교사 지원생, 수업시간에 정신교육만 시키는 교사, 수업에 들어가지 않고 나가버린 외국인까지 참 다양하다. 이런 상황들을 몸소 겪으면서 '책임감'을 배워갔다.

나도 경영방침이 맞지 않았다는 이유만으로 영어강사로 전환하지 않았던가. 원장이 되어서야 신협의 전무이신 그분을 존경하기 시작했다. 학원을 운영하다 보니 당시 그분의 마인드가 다 이해되었다. 현재 그분이 전국에 있는 신협의 실무 책임자들의 대표를 맡고 있는 것도 그런 이유가 아닐까. 그렇게 보는 것은 나뿐만이 아니다. 현재 신협의 직원들은 그분과 함께 일하고 있는 행운을 누리고 있는 것이다.

그런 의미에서 나도 인복과 운이 따르는 사람이다. 지금의 선생님들과 함께한 지 3-5년이 되어 가는 것을 보면 말이다. 단기간에 학원을 그만 두는 강사들의 생리를 볼 때 짧지 않은 시간을 함께하고 있다. 그래서 그들과 함께하는 시간들이 정말 소중하다. 선생님들에게 감사한다.

난 우리 선생님들에게 날개를 달아주고 싶다. 그렇게 되도록 기꺼이 도울 것이다. 선생님들을 생각하면 개인도 발전하고 사회에도 기여할 수 있도록 길을 열어 주어야 한다는 마음뿐이다. 그래서 선생님들이 학원을 오픈하게 하고, 나는 그곳에서 세미나를 진행해주어야겠다는 생각을 한다. 내가 도움을 받았듯이 나도 그들을 내가 받은 이상으로 도와줄 것이다.

02 영어공부 즐기며 하라

당신은 영어를 좋아하는가. 나는 그렇다. 나는 영어가 좋다. 가르치는 것도 좋고 발음하는 것도 좋다. 난 왜 영어공부가 즐거운지 그 이유를 생각하니 부모님의 영향을 빼놓고 생각할 수가 없다.

어릴 때의 노출

내가 초등학교 저학년 때였다. 아버지는 일주일에 한두 번 정도는 영화 비디오를 빌려오셨다. 당시에는 비디오 대여점에서 테이프를 대여해주었다. 내 기억으로 신작 영화는 1박 2일에 1,500원, 비디오 출시 1년 이상부터는 2박 3일에 1,000원이었다. 아버지는 신작이 나오면 빌려오셨는데 전부 헐리우드 영화였다. 그래서 열심히 자막을 읽어야 했다. 아버지는 구구절절 설명하시는 스타일이 아니다. 당시에 비디오를 빌려오신 이유를 설명해주시진 않으셨다. 그래서 스스로 생각해보았다.

첫째, 아버지가 영화를 좋아하셨다. 내가 영화를 좋아하는 데는 이유가 있었던 것이다.

둘째, 영화 자막을 통해 한글을 빨리 읽어가길 원하셨다. 이 효과를 본 것은 누나와 형인 것 같다. 초등학교 때부터 영재 소리를 들었으니. 당시 중위권 성적인 나에게 공부는 관심 분야 밖이었다.

셋째, 어린 나이의 우리에게 영어를 노출시켜주고 싶었다.

그렇다면 지금의 내가 영어를 가르치고 있는 게 납득이 간다. 아버지의 노력은 결실을 맺은 것이다. 난 지금 영어를 가르치고 있으니. 이 지면을 할애해 아버지께 감사함을 전한다.

우리 집 기상 라디오

초등학교 고학년이 되면서 우리 집에 아침 기상 프로그램이 생겨났다. 오전 6시면 방송하는 '굿모닝 팝스'. 주로 어머니께서 이 방송을 틀어놓고 아침을 준비하셨다. 누나, 형, 나 모두 이 방송을 들으면서 기상했다. 안 일어나면 어머니의 호통이 들릴 테니. 이런 방식의 기상은 중학교 때까지 계속 이어졌고, 대학교 때에는 내가 직접 찾아 들었다. 나중에는 당시 방송을 진행했던 진행자도 대단하다는 생각을 했다. '6시에 방송하려면 스튜디오에 그 전에 도착해 있어야 하는데 그럼 이 사람은 도대체 몇 시에 일어나는 걸까?' 하는 생각도 들었다.

난 이렇게 영어의 환경에 스며들며 자랐다. 그래서인지 영어의 거부감에 대한 기억이 없다. 당시에 영어를 우대하던 1990년대 한국의 분위기도 한 몫 했다. 지금도 해외의 명문대학교를 졸업하면 각광을 받지만 그때는 거의 국빈 수준으로 다루었다. 9시 뉴스에 방영되고 TV, 라디오 출연, 잡지 인터뷰 등 유명세를 타는 것이다. 대표적으로 『7막 7장』의 저자, 홍정욱 씨가 그랬다. 그는 하버드 대학교를 졸업하고 대한민국에 큰 반향을 일으켰다. 그가 졸업당시 유학시절의 경험담을 낸 책은 대한민국의 학부모들과 학생들의 마음을 사로잡았다. 그 당시 이런 생각을 했다. '공부도 잘하고 영어도 잘하면 대우받는구나.'

영어 본격적으로 즐기기

'영어를 어떻게 즐기느냐?'라고 묻는다면 입에 많이 붙이라고 말하고 싶다. 그러려면 좋아하는 것이어야 한다. 노래든 영화 대사든 명언든 좋아하고 즐겨하는 것이면 좋다.

나는 입에 영어랩을 붙였다. 랩을 좋아했으니까. 중학교 생활이 끝나가던 겨울이었다. 미국의 아프리카계 미국인인 P.Diddy가 친구 랩퍼의 죽음을 추모하면서 노래를 만들었다. 'I'll Be Missing You'다. 당시 빌보드차트를 11주간 석권한 노래다. 무려 3개월 가까이 1위를 한 노래다. 당시 나로서는 따라 하는 것 말고는 선택의 여지가 없었다. 시작의 비트가 내 마음을 후벼팠기 때문이다. 감성이라는 것을 잘 모르는 중학생인데도 듣는 것이 정말 좋았다. 그래서 난 따라 해보기로 결정했다.

그 노래를 외우기 위해 선택한 방법이 있었다. 귀에 들리는 대로 한글을 옮겨 적는 것이다. 영어가사를 보니 너무 어려워서 노래를 부른 가수가 가사대로 하는 건지 의문을 갖기도 했다. A4용지로 가사를 두 줄 따라 읽으면서 몇 시간이 넘는지도 모르게 계속 따라 했다. 가사는 잘 모르지만 음악이 좋았기 때문이었다. 이렇게 좋은 노래를 나는 통째로 외우고 싶었다. 그런데 도무지 외워지질 않아서 한글 받아쓰기 식으로 적은 것이다.

지금에서야 단어마다 악센트가 있는 것을 시인한다. 하지만 당시에는 같은 글자라면 단어가 달라져도 같은 발음을 내야 한다고 생각했다. a는 무조건 '아'발음이 아닌데 말이다. 이후에도 한동안 한글 받아쓰기 형태로 랩을 외워나갔다.

대학교에 들어가서야 영어 그대로의 단어를 보고 따라 했다. 당시 나는 힙합 동아리에서 랩을 담당했다. 학교 내외로 공연을 했기 때문에 영어를 보고서 한글로 외운다는 것은 나의 자존심 문제라고 생각해서 지독히도 듣고 따라 했다. 외우면서 느낀 것은 귀에 들리는 영어를 내가 알고 있는 발음에 끼워 넣지 않기로 한 것이다. 즉 근거가 없는 내 식대로의 영어를 풀어주기로 한 것이다.

그렇게 외운 노래로 대학교에서든 어디든 랩을 할 수 있으면 했다. 반주가 없어도 가능했다. 영어단어에는 높낮이가 있어 그 자체로 리듬이 생성되었기 때문이다. 공연이 끝나고 가끔 들었던 이야기가 있다. 발음이 정말 좋다며 '혹시 유학파냐.'라는 말이었다. 난 거기에 답하지 않았다. 공연이 끝나면 난 스스로 멋지다고 생각했기 때문에 미소와 목례로만 화답했다. 속으로 말할 뿐이다. 난 '전주 사람'이라고.

영어를 즐기는 방법은 다양하다. 음악을 좋아하기 때문에 영어 단어의 강세와 글자의 발음에서 느끼는 리듬감을 즐겼던 것 같다. 아버지의 영향으로 영화도 좋아하기 때문에 마음에 드는 대사를 들으면 바로바로 따라 하는 편이다.

아들이 7세 때였다. 지금도 그렇지만 우리는 맥도날드의 아침메뉴를 좋아한다. 당시에 아들과 함께 맥도날드 2층에 있는데 아들 또래의 외국인 남매가 들어왔다. 이어서 엄마 아빠로 보이는 어른들이 그 아이들과 앉았다. 누가 봐도 가족 같아 보였다. 아들이 말했다.

"아빠, 말 좀 걸어봐."
"진우가 가서 'Hello'라고 해봐."

나는 아무렇지도 않은 듯이 말했다. 그러자 아들이 "안 해." 하면서 얼굴을 붉힌다. 아들의 떨리는 목소리가 들렸다. 나도 초등학교 때 경험하지 않았는가. 외국인을 처음 본 신비. 학원에서 외국인 선생님들을 그렇게 봐놓고 자기 또래의 아이는 신기했나 보다.

근데 난 사실 난감했다. 타국에 와서 가족끼리 식사를 즐기고 있는데 가서 말을 거는 꼴이라니. 아빠로서의 입지를 선택해야 할지, 국제적인 신사의 입지를 굳혀야 할지 참 난감했다. 난 결국 '아빠'를 선택하기로 했다. 외국인 가족 중 아빠로 보이는 성인 남자에게 다가갔다.

"Excuse me, can I ask you something?"

(실례합니다만, 부탁 좀 해도 될까요?)

다행히 상대 측에서 입에 햄버거를 가득 문 채로 호의적인 눈빛을 보내주었다. 그래서 나는 이어서 말했다.

"My son would like to say 'hello' to your children."

(제 아들이 당신의 자녀에게 인사하고 싶어 합니다.)

집으로 돌아오는 차 안에서 우리는 잔뜩 상기된 목소리로 이야기를 나누었다. 나는 왠지 자랑스러웠다.

03

영어로
인생을 역전시킨 사람들

인생 성공 스토리, 과거의 절망적인 상황임에도 불구하고 현재의 나아진 삶, 성공적인 삶은 동기를 부여해주기에 충분하다. 다음 사례들은 목숨 걸고 '영어공부'를 한 사람들의 이야기다. 당시 상황이 어떠했을지 가슴으로 느껴보자.

독학 영어로 가난을 벗었다(중앙일보, 2009.4.15)

박남식 전 국제영어대학원 대학교 총장은 2014년까지 8년간 역임했다. 전에는 1975년부터 30년간 서울대학교에서 강사 및 교수로 일했다. 특히 1999년에는 서울대학교 언어교육원을 이끌어 한국형 공인 공인영어 인증시험인 'TEPS(텝스)'를 창시했다. 토익시험에 소요되는 외화 지출을 최소화하려고 만들어냈다고 한다.

그는 과거 지독한 가난과 싸워야 했다. 그가 중학교 입학할 당시는

6.25전쟁이 끝난 지 얼마 되지 않았다. 10세부터 가장이 되어 가정을 이끌었기에 그의 고민은 늘 '이 가난을 어떻게 벗어날 수 있을까?'였다.

그러던 중 자신의 친척 중 한 명이 미군부대 통역관으로 일하는 것을 알게 되었다. 그를 보며 '영어를 공부하면 굶지는 않겠다.'라고 생각했고 그때부터 그는 치열하게 공부했다. 미군부대 라디오 방송을 들으면서 '따라 말하기' 연습을 하고, 영국 BBC 방송을 하루 최대 7시간 청취할 정도로 몰입했다. 지독할 만큼 스스로를 영어공부로 몰아붙였다.

그의 연습량은 상상을 초월한다. 듣기로는 7,000시간 연습하고, 그가 독파한 영어원서는 500권을 넘어선다고 했다. 그는 원서로 영어공부를 하고 있는 이들에게 한 가지 비결을 제시한다. 그것은 '책을 읽는 중에 모르는 단어가 나오면 밑줄 긋고 지나가라.'는 것이다. 일일이 다 찾아볼 수 없다는 말이다.

나 또한 그의 말에 동의한다. 책의 전반적인 내용을 파악하는 게 먼저이다. 그런 맥락에서 한 가지 덧붙이자면 자신의 레벨보다 조금 아래의 책을 선정해야 한다. 모르는 단어가 너무 많아 아예 내용의 흐름이 파악이 안 되면 진도가 나가지 않을 것이기 때문이다. 그리고 단어를 익히는 과정보다 책 한 권을 다 읽었을 때의 성취감과 뿌듯함이 더 크다. 그것이 언어를 지속하는 열쇠가 되어줄 것이다.

박남식 전 총장의 기사를 읽으면서 와닿은 게 있다. 하늘은 살고자 하는 이에게 손을 뻗어주고 일으켜 준다는 것이다. 열 살밖에 안 된 소년이 감당해야 할 가장의 짐은 어마어마한 것이었다. 그런 그가 바른 생각을 갖고 세상에 나아가려면 주변사람들의 도움과 지지가 필요했다. 물론 가장 중요한 것은 스스로 일어서고자 하는 굳센 의지와 앞으로 나아가고자 하는 도전과 용기일 것이다.

7년간 백수에서 독서로 인생역전한 스타강사, 이제는 억대 기부자로(조선닷컴, 2017.6.1)

현 '영어연수 나는 한국에서 한다(영나한)' 정회일 대표는 베스트셀러 작가이자 강연가이다. 그가 현재 잘나가는 삶을 누리는 이면에는 과거에 극복해야 했던 어두운 그림자가 있었다.

그는 과거 아토피를 심하게 앓았다. 피부의 간지러움으로 긁고 또 긁어서 늘 피부가 짓무르는 고통을 안고 살았어야 했다. 그 자신은 물론 그 모습을 바라봐야 했던 부모의 마음은 오죽 했을까. 그는 외출을 일체 하지 않고 닥치는 대로 독서를 했다. 주로 인생역전 또는 성공스토리를 읽었다. 자신 또한 본인의 인생을 뒤집고 새롭게 태어나고 싶었으리라.

그는 책을 읽으면서 '주제'를 정해야겠다고 느꼈다. '영어'를 주제로 6개월간 300권 이상을 독파해낸다. 영어를 거의 몰랐던 머리에 체계가 잡혔고 그 후 그는 영어초보들에게 책을 읽으면서 알게 된 노하우를 알리고 교육해주기 시작했다.

정회일 대표는 사실상 인생의 막다른 곳에 있었다. 아토피를 안고 살아야 했던 매일이 그에게 저주와도 같았을 것이다. 스스로에 대한 자존감이 있었을까 하는 생각이 든다. 하지만 그는 그런 현실 속에서도 '독서'를 선택했다. 그야말로 필사적으로 목숨 걸고 읽은 것이다. 먼저 자신이 처한 상황을 바꾸어보고자 '인생역전', '성공이야기'부터 읽은 것은 눈길을 끈다. 심지어 독서를 통해 영어 또한 깨우치고 다른 사람을 가르치기에 이른다. 그런 노력으로 지금의 '영나한'이 있는 것이 아닌가.

우리 아이 영어로 성공시키기

토익시험에서 만점 받는 중학생, 미국 CNN뉴스를 시청하는 고등학생 등 수재라 불리는 이들의 이야기를 심심찮게 듣는다. 그분들의 인터뷰를 토대로 영어 잘하게 하는 비결을 3가지로 요약한다. 읽으면서 각자에게 들어오는 메시지를 받아들여보자.

첫째, 아이의 자신감을 더 중요하게 여겼다. 아이의 학년에 맞추거나 경력에 따르지 않은 것이다. 아이가 해나가는 것을 보고 해낼 수 있는지 눈여겨보았다고 한다.

둘째, 정정해주지 않았다. 아이가 틀릴 때마다 고쳐주고 방법을 알려주려 하지 않았다는 이야기다. 아이는 스스로 해나갈 수 없음을 은연 중에 받아들이고 자신의 행동을 검사 맡으려 할 것이다. 아이도 최소 10년이면 성인이 된다. 그러니 예비 어른으로서 바라봐주자.

셋째, 꾸준함을 몸소 보여주었다. 아이들에게 꾸준함은 습관이 되는 것이고, 부모에게는 인내와 기다림이 될 것이다. 꾸준함은 보이지 않는 에너지가 있다. 아이들이 부모 스스로 무언가 해내고 있는 집중력을 본다면 아이들 또한 그 모습을 온몸으로 받아들일 것이다. 부모는 부모대로 자신이 해내고 있는 부분에서 성취를 얻을 수 있다. 아이들의 모습만을 바라보며 결과에 기대지 않는 것이다. 그런 부모 밑에서 자란 아이들이 자유로움 가운데 '영어'실력이 향상될 것이라 생각한다.

제대로 알고 따라 하자

시도하기도 전에 '실패하면 어떡해.' 하며 걱정할 때가 있다. 실패하기 싫어함은 스스로의 도전을 제한하는 것이다. 또는 어떤 객관적인 영향력을 맹신하는 결과를 초래한다. 나는 그랬다.

'영영사전으로 공부하면 영어실력이 향상된다'는 말에 한동안 그 방법을 따라 했다. 또 진정한 영어실력은 '받아쓰기'에서 나온다는 말에 휩쓸려 그것만 따라 하기도 했다. 그 당시에 영어를 잘하고 싶다는 마음은 있었지만 나만의 공부 '기준'이 없었던 것이다.

언어는 다양한 형태로 훈련이 가능하다. 언어는 곧 말, 말은 곧 삶이기 때문이다. 이는 특정분야에 국한되지 않는다. 어떤 방식으로 공부하든 영어로 '내 생각을 표현할 수 있음'을 기억하자.

영어공부의 키는 본인이 해나갈 수 있는 것을 지속하고 성취해내는 과정에서 탄생한다. 내가 아닌 사람들의 성공방정식에서 나에게 힘이 되는 것만 받아들이자. 타인이 어떻게 볼지는 신경 쓰지 말자. 선택과 책임을 스스로 취하겠다고 결정하자. 우리는 우리 자체로 부여받은 삶이 있기 때문이다.

04

영어강사로서
비전을 품어라

영어를 가르친 지, 어느새 만 8년이 찼다. 9년째를 달리고 있다. 나의 하루는 아이들과의 수업, 학부모와의 소통, 선생님들과의 일상, 원장으로서의 상담 및 세미나로 채워진다. 이 과정에서 나는 어디에 지향점을 두는지 늘 생각한다. 그리고 다음 질문을 하며 스스로 점검한다.

'나는 나를 얼마나 알고 있는가.'
'나는 나를 얼마나 믿고 있는가.'

영어강사를 하기 전에는 일종의 영어우월감이 있었다. 이 근거가 없는 자신감은 예사롭지 않은 영어발음 덕분에 유지되고 있었다. 주변 친구들도 영어만큼은 내게 곧잘 물어보았다. 주변의 인정이라고 생각했던 덕분일까. 나는 영어를 잘해야 한다는 생각이 있었다. 사람들이 궁금해하는 것에 귀를 기울였다. 나는 내가 알고 있는 것을 알려줄 때 즐거웠다.

영어강사를 하기로 마음먹었을 때 영어강사를 우러러봤다. 영어에 대해 다 알 것 같은 느낌과 강단에 서서 멋지게 강의하는 모습에 대한 동경이었을 것이다.

세상에 나온 지 이제 15년

사실 신입강사 시절의 나는 전혀 즐기지 못했다. 아이들과 보이지 않는 전쟁에 늘 앞장선 나머지 혼자 부상당하고 말았던 것이다. 교사로서 주도권을 잡고 분위기를 잡아야 한다는 선입견이 강했기 때문이었다. 내 뜻대로 따라오지 않는 아이들을 볼 때마다 자괴감을 느끼기도 했다. '왜 내 말을 안 듣는가.'라고 스스로 불평도 했다. 그토록 꿈꿔왔던 영어강사의 현실이 달갑지만은 않았다. 수업이 끝나면 교무실 의자에 털썩 주저앉았다. 내가 에너지를 학생들에게 주었거나 빼앗겼다는 생각을 했다.

그러나 지금 나는 수업이 가장 즐겁다. 다른 일이 있다가도 수업을 하고 있으면 내가 충전되는 듯한 느낌이다. 아이들과 함께하면서 에너지를 받는다. 자동차 배터리가 그렇지 않은가. 자동차 시동을 켜야 충전이 계속되는 것처럼 말이다. 지금의 나는 아이들을 아이로 바라보고 그들의 반응을 보면서 스스로 잘하고 있는지 점검하는 여유도 있다. 아이들의 반응을 강요하기보다 이끌어내고 있다.

아이들은 세상에 나온 지 길어야 15년 남짓이다. 이제 나는 내 말을 안 듣는다고 마음이 상해봐야 소용이 없는 것을 경험을 통해 안다. 아이들은 사람의 표정을 감지하는 능력이 어른에 비해 떨어진다고 하지 않은가. 아이들은 사람의 표정만 보고서는 감동해서 우는 건지, 고추를 먹고 매워서 우는 건지 정확히 구분을 못한다는 이야기가 있다. 아직 어리다는 말이다. 그러므로 한 번 이야기했을 때 못 알아듣는 게 당연한 것이다.

그들이 무엇을 하는지 모른다

아이들과 수업할 때는 전체적인 반 분위기가 중요하다. 수업의 질은 분위기에 따라 결정되기 때문이다. 이를 위해 아이들을 독려하거나 통제해야 할 것이 있다. 발표나 필기 등 학습적 분위기를 장려해야 한다. 그러나 부정적인 언어가 수업에 침투하면 막아야 한다.

어느 날 수업을 시작하면서 단어장을 함께 읽을 시간이었다. 반에서 2명이나 단어장을 가지고 오지 않아서 나는 이렇게 말했다.

"매일 읽는 건데 가지고 다녀야지. 꼭…."

이제 챙겨오라는 말을 하려는데 어느 학생이 그 말을 가로챘다.

"전 가져왔는데요."

말끝을 올리는 소리가 귀에 콕 박힌다.

초등학교 4학년 남학생의 고개는 한쪽으로 기울었고 입은 상당히 나와 있었다. 그 아이는 본인이 하는 말에 어떤 여파가 생기는지 몰랐다. 그렇다고 이대로 지나가 버리면 다음에도 묵인해줘야 할 판이다. 신입 때에는 신경 쓰지 못했던 부분이 요즘 따라 눈에 잘 포착된다. 알려줘야 할 타이밍인 것이다. 그 아이는 주목을 원했을 뿐 그 말로 생기게 될 여파까지 포착하지 못한 것뿐이다.

그래서 나는 차분히 처음 그 말을 들었을때 내 감정이 어떠했는지 이야기해주었다. 그런 상황에서는 말투를 어떻게 하면 좋을지도 말해주었다. 때에 따라서는 굳이 하지 않아도 되는 말인 것도 진지하게 전달했다. 나의 이야기를 들으면서 그 아이는 자세를 고쳐 앉았다. 평소 수업 시간에 집중해서 잘 따르는 아이들은 그날 따라 더 목소리를 크게 냈다.

이런 훈육을 신입 때 하지 않은 것은 아니었다. 그러나 그 당시의 아이들 분위기는 상당히 위축되었던 것으로 기억된다. 당시에 나는 아이들에게 미안한 마음이 들기도 했고 내 훈육에 대한 방식을 스스로 믿지 못했던 것 같다.

우리는 다르면서 같은 '사람'

신입시절 아이들과 수업을 하면서 그동안의 인간관계에 대해 반성을 많이 했었다. 친하게 지낼 수 있는 사람과만 편하게 지내왔던 것이다. 세상에는 다양한 사람이 있음을 외면했던 것이다. 내가 품을 수 있으면 함께하고 그렇지 않으면 마음속으로 들이지 않았다.

고지식한 나는 외부의 충격에 약했다. 누가 나를 조금이라도 안 좋게 보면 견뎌내지 못했던 것이다. 다른 사람들에게 좋은 모습만 보이고 싶고, 타인의 인정에서 나를 찾으려고 했기 때문에 더욱 그랬다. 나는 아이들을 휘어잡고 수업을 해내고 싶었다. 학부모님의 인정과 동료 선생님의 감탄을 자아내고 싶었다.

높이 솟은 나의 의욕과 마음에 반해 아이들의 모습은 다소 위축된 것처럼 보였다. 어떤 아이는 반항적으로 대들기도 했다. 생각한 것처럼 낭만적이지 않은 수업시간, 시간이라도 빨리 흘렀으면 했다. 시간이 지나 생각해본다. 그때 나는 조금 더 빨리 나의 속마음을 인정했어야 한다고. 더 나아가 나를 드러내야 했다고.

지금은 아이들과 웃으면서 수업을 한다. 수업이 끝나고 미소를 짓는 아이들과 하이파이브를 하며 하루의 보람을 적립한다. 왜 그런지 아는가. 아이들의 모습에서 나의 모습을 발견하기 때문이다. 내 앞에 있는 아이들의 모습이 곧 나의 모습임을 인정하고 받아들인 것이다. 원인은 말썽꾸러기 아이들에게 있지 않았다. 점잔 빼는 나에게 있었다.

마음이 많이 편해졌다. 사슬에 묶여 있던 영혼이 자유롭게 날아다니는 느낌이다. 다음과 같은 말도 서슴지 않고 편하게 한다.

"선생님이 얼굴 길잖아."

아이들과 수업하는 덕분에 어른들 앞에서도 내 장점을 그대로 받아들이고 있다. 전에는 '잘생겼다', '젊어보인다', '목소리 좋다' 등 타인에게 들을 때마다 쑥스러운 말을 '감사합니다.'라고 하면 될 것을 멋쩍은 미소나 지으면서 고개를 숙였다.

그런데 아이들 앞에서 나의 단점을 툭 까놓고 말하면서 느꼈다. 나를 드러낼 때 상대방도 나에게 가까이 다가올 수 있다는 것을.

수업을 주도할 줄 아는 강사는 균형감을 갖추고 있다고 본다. 아이를 아이로서 대하면서도 교사의 위치를 확립해 나갈 줄 아는 것이다. 즉 상하관계와 수평관계를 조화롭게 해낼 수 있는 것이다. 그런 면에서 아이들은 나의 스승이다. 아이들을 가르치지 않았다면 내 그릇 안에서 나의 만족으로만 살았을 것이다. 그 과정에서 난 깨져야 했지만 그 덕분에 새 그릇을 만들 수 있었다.

강사를 하지 않았다면 나의 시야가 달라질 수 있었을까. 왠지 모르지만 관문 하나를 통과한 느낌이다. 사람과의 관계에서 먼저 다가간다는 것은 인생에서 꼭 필요한 과정이었던 것이다. 아이들과의 수업으로 '동기부여 강연가'의 꿈이 더욱 커졌다. 영어 강사가 아니라면 감히 꿈꿀수 있었을까?

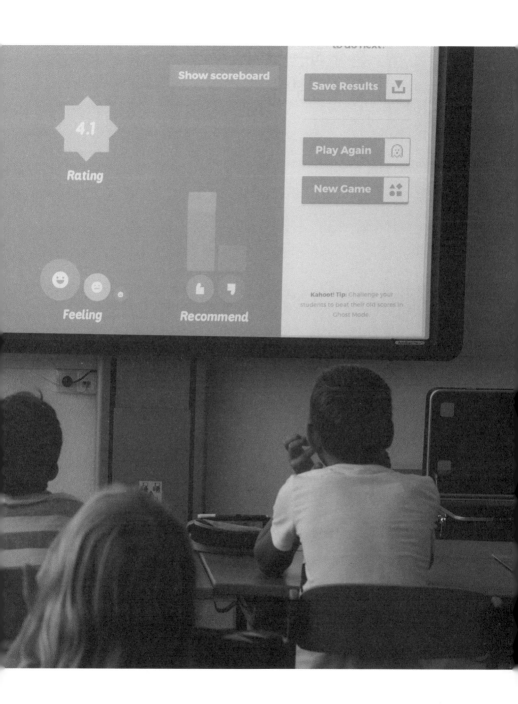

05 혼자 하는 영어공부가 진짜 공부다

처음부터 혼자 공부하기에는 여러 가지 이겨내야 할 제약이 있다. 특히 시간을 아끼는 차원에서 많은 사람들이 배운다. 누군가에게 배우기도 있고, 책이나 영상을 통해 배우기도 한다. 그 과정에서 혼자 설 수 있는 체력과 힘이 생긴다. 혼자 공부하기 위해 필요한 원동력을 마련하는 것이다.

영어는 유독 스터디그룹이 많다. 시간을 아낄 수 있고 노하우를 배운다는 측면에서 찬성한다. 그러나 스터디그룹에 의존하지 말자. 그곳에서는 서로의 것을 나눈다는 성격이 강하기 때문이다. 차라리 스스로의 내공을 쌓고 스터디 그룹의 주체가 되어보자. 멤버들에게 나누어 줄 영어를 적극적으로 찾고 있는 본인을 발견하게 될 것이다.

영어공부는 함께하면 안 되는 것일까. 한계를 규정하긴 싫다. 그러나 영어내공을 쌓길 원한다면 다음 사항을 냉정히 따져보자.

첫째, 타인과 함께해야 한다.

사람으로서 '함께한다'는 느낌은 정말 소중하다. 내가 있기에 당신이 있고, 당신이 있기에 내가 존재하는 것 아니겠는가. 그렇기 때문에 함께 하면서 나의 영어실력만 욕심내면 안 된다.

함께 있으면 타인의 말을 주의 깊게 듣는 경청과 적절한 호응이 필요하다. 때론 상대의 도움에 응하기 위해 나의 에너지를 써야 하는 경우도 생긴다. 그 과정에서 자연스러운 관계가 형성되고 구축될 것이다. 그런 의미에서 스터디 그룹의 참여는 지식을 주고받는 관계를 형성하는 계기가 될 것이다. 당신의 지식을 나눌 기회를 잡고 싶다면 적극 추천한다. 관계를 맺고 사람을 알아가면서 알지 못했던 것도 알아가는 시간이 될 것이다.

그러나 새로운 사람과 관계를 맺기 두렵거나 상대의 부탁을 쉽게 거절하지 못한다면 그룹 참여는 다시 고려해야 한다. 영어실력 향상만을 생각하고 스터디 그룹에 참여했는데 분위기상 시간에 휩쓸려버리면 집에 돌아왔을 때 시간이 아깝기만 할 것이다. 스스로나에게 어떤 게 도움이 될지 생각해보고 결정하자.

둘째, 목표가 뚜렷한지 확인해야 한다.

함께한다는 것은 기댈 곳을 찾는다는 의미이기도 하다. 단어 암기나 문제 푸는 방법 등을 배우고 싶은 면이 있는 것이다. 어떤 이는 본인이 세운 목표를 다른 사람을 통해 확인받기도 한다.

스터디 그룹에서 목표가 뚜렷한 사람은 그 그룹을 이끄는 사람일 것이다. 그러나 대부분은 뭘 해야 할지 모른다. 목적성이 없는 사람들과 어울리다 보면 영어를 익힐 시간이 한두 시간, 하루 이틀 날려보내기 쉽다.

스터디를 통해 나만의 영어공부기준을 세웠다면 그것만으로도 성공이다. 내가 스터디 그룹에 참여한 목표를 늘 생각하고, 자신에게 적합한지 질문하는 것을 멈추지 말자. 내 생각을 영어로 표현하는 데 방향성을 잃지 않는 것은 목표가 있기 때문이다.

셋째, 혼자만의 시간이 필요하다.

나는 공부하면서 늘 마음속으로 품은 질문이 있었다. '이럴 땐 영어로 어떻게 하지?' 스스로 질문하고 답을 찾아가는 과정에서 아이디어를 얻고 성취감도 얻었다.

영어를 공부해도, 다른 것을 공부해도 혼자의 시간이 필요하다. 생각을 정리하고 해결되지 않은 것의 아이디어를 잡아낼 수 있는 시간이다. 온전히 나와 독대하는 시간이라 보면 좋을 것이다. 내가 얼마나 많은 내공을 쌓느냐에 따라 훗날 만나게 될 사람들의 내공의 깊이가 달라진다는 말을 들었다. 반대로 내가 만나고 있는 사람들의 수준은 현재 나와 큰 차이가 없다는 것이다.

직설적으로 들렸거나 따갑게 들릴 수 있다. 살아가면서 타인의 추천을 받거나 그들의 비판을 수용할 때도 있다. 그러나 책임은 오롯이 혼자 져야 하기에 후회하지 않을 것을 골라야 한다. 많이 부딪쳐보고 경험하면서도 혼자 서야하는 것을 잊지 말자.

혼자 공부할 때 알아야 할 것들

교사로서 유독 눈이 가는 아이들이 있다. 묵묵하지만 자기 할 일을 해내는 학생들이다. 거기에 예의까지 바르다. 많이 알아야 겸손하다는 것은 초중생 아이들에게도 적용되는 것 같다.

학원에서 사용하는 말하기 프로그램이 있다. 아이들이 온라인으로 학습을 하고 오면 교사는 매일 체크를 해주고 아이들을 독려한다. 아무래도 아이들에게 쉽지 않은 여정이기에 점검해주는 것이다. 거기에 한 달에 한 번은 '꾸준함 시상식'을 한다.

나의 반 아이들 중에 초등학교 4학년 아이가 있다. 그 학생은 등교하기 전 아침시간을 이용해 '그날의 영어 말하기'를 다 끝낸다. 아이의 어머니 말씀으로는 영어만 다니기 때문에 시간이 남아 열심히 한다고 한다. 물론 그 친구는 저녁 9시에 취침한다. 하지만 5시에 일어나는 게 일반적인가. 시간이 남기 때문에 하는 행동이 절대 아니다. 그 친구는 영어를 잘하고 싶은 마음이 누구보다 큰 것이다. 그리고 수업 때 보는 아이의 표정은 늘 밝았다. 그 자체를 즐기고 있는 것이다. 그렇다. 영어는 매일매일 해내는 것이다. 하다 보니 잘하게 되고, 잘하게 되니 즐거운 것이다.

매일매일 해내는 그 친구의 모습을 보면서 어른인 나도 도전이 된다.
그리고 영어 교사로 다시금 질문한다.

'어떻게 해야 영어를 잘할 수 있는가?'
'좋은 영어습관은 무엇이 있을까?'

매일의 칭찬과 매달의 상을 통해 긍정적 피드백이 순환된다. 그것으로
매일을 보상받게 된다. 누군가 나에게 보상해주지 않는다면 꾸준함을 위
해 기꺼이 당근을 사용해야 한다. 영어를 혼자서 하면서 채찍질만 한다
면 머지않아 쓰러질 수 있기 때문이다. 누군가에게는 휴식일 수 있고, 누
군가에게는 무위에서 오는 자유일 수도 있다. 무엇을 좋아하는지 모르겠
다면 '느낌이 오는 대로' 행동해보자. 무엇이 내게 적합한지 몸으로 알게
될 것이다. 그럴 수밖에 없다. 긴 시간 영어와 함께하는 과정은 인생의
성취과정을 닮아 있기 때문이다.

단골 새해목표가 '운동, 독서, 영어'인 이유도 그 때문이 아닐까. 이들
의 결과를 체험하기까지 일정기간의 투자와 에너지가 필요하다. 그 안에
서 반복적인 행동이 필요하다. 그렇게 형성해낸 습관의 힘은 결국 삶을
변화시켜주지 않는가. 그래서 많은 사람들은 새해에 꾸준함을 원하고 바

란다. 삶에서의 변화를 원하기 때문이다. 매일 훈련을 하고 있다면 그 안에서 나만의 재미를 느끼고 있는가? 없다면 보상을 통해 찾아보는 것을 어떨까? 그러려면 혼자 고민하는 시간이 필요하리라 생각한다.

06 영어는 필수가 아닌 기본이다

영어가 우리 생활에 깊게 침투해있다. 간판만 보더라도 영어 반, 한글 반이다. 우리가 한글처럼 쓰는 단어도 일부는 영어다. 그러나 여전히 영어는 우리에게 외국어다.

난 공부를 잘하고 싶은 아이였지, 못하고 싶은 아이가 아니었다

영어강사가 된 지 얼마 안 되었을 때 나의 학창시절을 후회한 적이 있다.

'나도 저 아이들처럼 공부했다면….'
'왜 부모님은 날 공부하게 하지 않으셨을까?'

그런데 곰곰이 생각해보니 어렸을 때도 비슷한 생각을 했다. 특히 중학생이 되었을 때는 '다시 초등학생이 되면 공부 잘하겠다.'라고 생각하고, 고등학생 때는 중학생 시절을 추억했다. 뒤늦게 자리 잡은 공부에 대한 욕심과 하기 싫은 마음에서 불평을 창조해냈다. 어른이 되어서도 한동안 그 후회의 굴레 속에 살았었다. 인정한다. 과거에 발목이 붙잡혀 있었음을.

난 한국인이었지만 한글이 와닿지 않았다

'왜 나는 어렸을 때 공부에 흥미를 느끼지 못했을까.'

미소를 띄우고 수업에 집중하는 아이들을 보면서 생각했다. 내게 가장 큰 이유가 있었다. 난 한글을 이해하지 못했다. 소리 내어 읽을 수는 있었으나 무슨 뜻인지 정확히 이해하지 못했던 것이다. 그렇다. 난 질문하지 못했다. 혼날까 봐 두려웠고 꾸지람 듣는 것도 싫었다. 인정만 받고 싶었다.

어머니는 그렇게 책을 읽으라고 하셨다. 나는 어머니에게 인정받고 싶었다. 기대에 응하고 싶었던 나는 무언가라도 하고 싶었다. 나의 방 책장은 천장까지 닿아있다. 그 책장을 가득 메운 책들, 장식처럼 예쁘게 꽂혀 있던 문학전집에 과감히 손을 뻗었다. 책은 한 손에 잡기가 쉽지 않았다. 그도 그럴 것이 권당 400에서 500페이지에 달했고, 글자는 매 페이지를 까맣게 채우고 있었으니까.

당시 내 방에 있었던 문학전집이 40여 권 세트로 있었다. 진한 갈색으로 가득한 표지에 금색 글자가 예쁘게 있어 책이라도 뽑으면 안 될 판이었다. 그래도 어머니의 인정이 중요하니 1번이 적힌 책을 뽑아 읽었다. 1번 책은 노벨문학상에 빛나는 저자, 펄벅의『대지』였다. 중학교 때 읽고 이제껏 읽지 않은 이 책에서 기억나는 것이 있다. 책 제목과 주인공 이름, 왕룽이다. 아직까지 강하게 기억나는 이유는 반복 때문일 것이다.

책 진도가 나가면 전부터 추적해서 읽고, 추적하다가 길을 잃으면 마음잡고 처음부터 읽은 것이다. 난로 옆에서 읽은 것을 떠올리면 나도 새해마다 마음을 다잡았고 1번부터 시작한 것이다.

내게 채워져야 했던 것

나는 쉬운 동화책부터 읽었어야 했다. 내가 이해할 수 있는 범위를 넘어서니 성취해야겠다는 마음보다 눈을 감아버리는 게 편했던 것이다. 지금도 나의 이해를 돕는다면 그림과 사진이 설명된 책뿐만 아니라 동화책도 눈여겨본다.

나이와 학년은 숫자에 불과하다. 진정한 내 실력을 알아야 한다. 또래보다 이해도가 빠르면 그 이상을 도전하고, 학년에 비해 습득도가 느린 편이라면 수준을 낮추어 빨리 읽을 수 있는 것을 선택해야 했다. 토익 만점을 받은 어느 중학생의 비결이 영어단편소설을 여러 권 읽었다는 것이라는데 그 아이가 어려운데도 붙잡고 있었겠는가. 본인의 수준에 맞거나 쉬웠으니까 술술 읽혔을 것이다. 전 국제대학원대학교 박남식 총장의 영어원서 독파비결과 일맥상통하다. 모르는 단어에 연연하지 말고 흐름을 읽으라는 차원인 것이다. 흐름 자체에 영향을 받을 정도로 모르는 단어가 많다면 책이나 레벨 자체를 고려해야 한다.

창의융합협 인재

2015년 개정 교육과정을 통해 밝힌 우리나라 인재상이다. 과거에는 입시에서 살아남기 위해 경쟁해야 구조였다. 하지만 그 과정에서 남과 비교하게 하고 스스로의 가능성을 억압한다고 느낀 것일까. 우리가 살면서 겪는 여러 가지 분야를 서로 융합하여 새로운 것을 '창조'하겠다는 의지가 느껴졌다. 즉 영어만으로는 충분치 못하다는 것이다.

단적인 예로 인터넷만 봐도 알 수가 있다. 인터넷은 세계인들이 모두 접속할 수 있게 가능성을 열어놓은 것이다.따라서 대부분의 홈페이지의 시작 페이지에는 '언어'란이 있어서 영어를 선택할 수가 있다.

우리나라도 영어가 모국어가 아님에도 영어교육을 점차 확대하고 있다. 우리나라 사람에게 영어는 여전히 목마르다.

초등학생들의 영어교육은 3학년부터 진행된다. 1, 2학년도 '방과후 교육과정'을 통해 영어 교육을 접할 수 있게 했다. 영어 유치원은 이미 오래전 이야기다.

중학생들의 내신 평가도 수행평가 항목의 비중이 커지고 있다. 수도권 대부분의 학교에서 지필고사 50점, 수행평가 50점이다. 지필고사인 종이시험지의 100점이 100점이 아니라는 말이다. 시험지 100점은 다 맞아야 50점인 것이다. 나머지 50점은 자기소개나 일기 쓰기, 듣기 평가 등으로 채워진다. 즉 실용영어에 초점이 맞춰지고 있다. 비중이 낮을 뿐 고등학생들에게도 수행평가는 적용되고 있다.

방학만 되면 학생들을 해외로 내보내는 것이 일반적인 요즘이다. 단기 유학이나 어학연수는 더이상 대학생에게만 해당하지 않는다. 영어는 기본이고 해외에서 많이 보고 경험하라는 것이다. 영어까지 된다면 많은 영역에서 제한을 뛰어 넘을 것이다.

세상은 넓지만 안방에서 다 확인할 수 있다

사람들이 하고 싶은 일을 이미 많은 이들이 해내고 있다. 인터넷을 통해 각종 소식을 들여다보면 그렇지 않은가. 그 사람들에게 배우고 생각하지 못했던 것을 경험하자. 적극적으로 하자. 내 안에 있는 숨겨진 것을 끄집어내고, 그 수단으로 영어를 적극적으로 활용하자는 것이다.

우리 입에서 '엄마'라고 말하기까지 배 속에서부터 약 2년이 걸렸다. 그 기간에 얼마나 많은 사람이 애정을 담아 우리말로 우리에게 말을 걸어주었는가. 그러므로 영어를 모국어처럼 활용하기까지 많은 시간이 걸릴 수

밖에 없다. 한국 환경에서 영어는 외국어로 학습해야 한다. 환경을 바꾸는 것이 제일 중요하지만 그렇지 못하다면 꾸준함의 습관에 기대야 하는 것이다.

아이들의 '매일의 영어말하기 습관'을 점검하면서 아이라서 꾸준히 하는 게 아니라는 것을 느꼈다. 사람이기 때문에 가능한 것이다. 아이들도 잘해내고 싶고 어른들의 기대에 부응하고 싶은 것이다.

주변의 특정인들을 제외하고는 어른들의 습관 형성을 칭찬하고 환호해주지는 않을 것이다. 그러나 오늘 이 순간 우리 마음이 기뻐하는 것을 선택할 수 있다. 영어명언을 쓰고, 팝송 하나 외우고, 영어 대사 한 문장 외우는 게 시작이 될 수 있다. 나는 단지 여러분의 영감이 솟아오를 팁을 제공할 뿐이다. 영어가 기본인 세상에서 우리의 인생을 위해 '조금이라도', '20분씩이라도' 매일 투자하자. 당신 안에 거인이 있다. 그를 움직이게 하라.

나는 영어를 공부하면서
영어 이상의 것을 배웠다

영어를 배우면서 자신감이 많이 붙었다. 외국인과 의사소통도 하고, 해외에서는 생활과 여행을 편하게 할 수 있었다. 영어를 가르치면서부터는 영어를 자연스럽게 일상화하게 되었다. 아침에 동기부여를 영어로 하고, 검색도 영어로 하고, 한글의 뜻도 더 정확하게 알게 되었다.

영어를 통해 알게 된 것들

첫째, 매일 아침 영어로 동기부여

매일 아침 눈을 뜨면 하는 게 있다. 바로 씻을 준비를 하는 것이다. 씻으면서 들을 동영상을 선택하면 준비 끝이다. 유튜브에 들어가서 다음과 같은 검색어로 영상을 찾는다. 'Dream(꿈)', 'Morning(아침)', 'Start(시작)', 'Change(변화)', 'Goal(목표)', 'Motivation(동기부여)', 'Achievement(성취)', 'Happiness(행복)', 'Positive(긍정적인)' 등.

매일 같은 검색어를 사용하지는 않는다. 그날의 기분과 보고 싶은 유형을 검색어로 입력한다. 주로 '자기계발' 관련 분야로 검색한다. 하루를 활기 넘치게 맞이하고 싶기 때문이다.

어느 날 우연히 동기부여 영상을 보게 되었는데 그때 강연가의 목소리에서 힘을 느꼈다. 그는 단어 하나하나에 힘을 가득 담아 굉장히 또렷하게 또박또박 발음했다. 속도가 빠르지 않을 뿐더러 들으면서 의욕이 고취되는 느낌이 좋은 것이다. 오늘의 할 일까지 정리된다. 생각해 보게 된다.

둘째, 확장된 검색 영역

내가 찾고자 하는 검색어를 영어로 변경한다. '구글'에서 영어로 검색하면 실로 방대한 양의 자료를 검색할 수 있다. 이 책을 집필하면서 명언의 유래를 알고 싶었다.

'왜 링컨이 커피면 차를, 차면 커피를 달라고 했을까?'

난 궁금했다. 평소 좋아하는 명언의 유래를 알고 싶었던 것이다. 국내 검색엔진으로는 원하는 것을 찾을 수 없었다. 구글에 들어가 검색해보니 마침 원하는 게 있었다. 검색 결과로 링컨과 한층 더 가까워진 느낌이 들었다.

Puff Daddy의 'I'll Be Missing You'도 마찬가지였다. 빌보드 차트에서 얼마 동안 1위를 지속했는지 알고 싶었다. 자그마치 3달 정도나 1위를 했단다.

구글에서 검색하는 것을 '구글링(Googling)'이라 한다. 구글링을 하면서 '어쩌면 이렇게 많은 양을 빠르게 찾을 수 있을까?' 하고 느낀 적이 많다. 구글의 시작은 '차고'라고 하는데 창업자들의 생각의 크기는 어마어마했던 것 같다. 우리도 많이 찾아보고 크게 생각하자.

셋째, 더욱 와닿는 한글의 의미

나는 한국사람인데 간혹 한글을 보면서도 이해하지 못할 때가 있다. 영어를 공부하면서 국어사전을 함께 찾아본 적이 많다. 그러면서 내가 공부를 썩 잘하지 못했던 이유도 생각났다. 교과서를 읽어도 한글의 의미가 와닿지 않았던 것이다. 글자가 지식으로 전환되지 못했다는 이야기다.

나에게 '경도', '위도'는 익히기 어려운 한글 단어였다. 경도와 위도는 지구본에 그어져 있는 세로선과 가로선을 말한다. 나는 늘 세로선이 경도였는지, 위도였는지 이 부분이 헷갈렸다. 그래서 경도의 '경'을 한자어로 찾아보았다. 먼저 네이버에서 검색했다. '경'은 피륙이나 옷감의 세로 방향의 털이나 실임을 알아냈다. 영어단어 'Longitude'에서 'Long-'도 위아래의 '길이'를 나타내지 않는가. 고개가 절로 끄덕여졌다. 또 서쪽에 있는 경도를 서경, 동쪽에 있는 경도를 동경이라고 하는 게 생각났다. 우리나라 동쪽에 있는 일본의 수도가 생각났다. 쐐기를 박았다. 어떤 상황에서도 생각날 것이다.

위도도 같은 방식으로 검색했다. 한자어 '위'를 말이다. 과연 가로방향의 털이나 실을 나타냈다. 영어단어 'Latitude'에서 'Lat-'은 '나르다, 운반하다'라는 뜻을 가지고 있다. 그래서 어떻게 해야 잘 나를 수 있을지 생각해 보았다. 위가 뚫려 있는 박스를 건네줄 때 좌우로 건네야 할 것이다. 위에서 아래로 주면 쏟아지기 때문이다.

이제 이해되지 않는 한글은 영어와 한자를 번갈아가면서 찾는다. 그러면서 확실히 의사소통할 때 한결 자유로워진 나를 발견한다. 한국인의 한국생활, 정말 재미있다.

세계 정상회담

앞서 밝힌 것처럼 나는 한글 독해력이 부족했다. 게다가 사람들의 인정까지 받고 싶어 알지도 못하면서 아는 것처럼 지나간 적이 많았다. 왜 궁금하면 궁금하다고 표현하지 못했을까? 왜 모르면 모른다고 시인하지 못했을까? 질문하면 혼낼 것 같은 당시 분위기 때문이었을까?

2010년 11월 12일 'G20 서울 정상회담'이었다. 오바마 전 미국대통령은 자신의 연설이 끝난 후에 한국 기자들에게 질문할 우선권을 주었다. 질문에 응하지 않는 한국 기자들에게 통역이 필요할 것이라고 덧붙여주었다. 이에 중국인 기자, '루이청강'이 아시아 대표로 질문해도 되는지 물어보았다. 이에 오바마는 한국인들에게 질문을 먼저 하도록 배려했으니 그들이 결정할 문제라고 덧붙여주었다. 침묵은 계속되었고 결국 중국인 기자가 질문하는 것으로 끝이 났다.

이미 지난 그 이야기에서 배운 점과 느낀 점을 하나씩 나누고 싶다. 먼저 연설을 했던 오바마를 통해 배운다. 그의 존중과 배려의 표현 방법이다. 질문을 처음 한국인에게 주었던 것은 개최국에 대한 존중의 표시였을 것이다. 통역이 필요할 것이라는 것과 중국인 기자의 질문을 바로 받지 않은 것은 모두 그의 배려에서 나온 것이라 생각한다.

다음은 개인적으로 느낀 것이다. 나는 위의 사례를 읽었을 때 한국인 기자들이 이해가 되었다. 이 이야기에 비추어 나 자신을 생각할 수밖에 없었기 때문이다. 그들은 평소 문제제기를 하지 않고 받아들이기만 했던 나의 모습과 같았다. 그야말로 자기반성이 폭발했다. 나는 왜 문제제기 대신에 무조건적인 수용을 선택했을까. 수용하기로 했다면 그 수용을 온전하게 받아들였던가. 결국에는 뜻대로 되지 않았을 때 '어쩔 수 없다'는 명분을 더 좋아하지 않았는가. 그러면 내가 행동해놓고 타인 또는 다른 환경을 탓할 수 있다. 그래서 마음이 조금 놓이는 것이다. 하지만 나에게 주어진 이 인생이 누구를 위한 것인가? 누구의 영향이 있든 결정은 내가 누릴 수 있는 최고의 권리임을 알아야 한다. 그리고 그에 따른 책임도 담

담히 져야 할 것이다.

물론 질문을 하지 않는 분위기는 주입식 교육의 폐해일 수도 있고 유교의 삼강오륜의 영향일 수도 있다. 국가에 몸 바치고 부모에 효도하라는 말에 개인의 느낌과 영감은 깊이 묻어 놓아야 했고, 혁명가나 개혁가가 눈에 띄기보다는 일반인으로 평범하게 살아야 했다. 튀어나오면 맞고 나서 이겨낼 자신이 없었다.

하지만 우리는 살면서 좋은 것은 받아들이고 도움이 되지 않은 것들을 과감히 배제해야 한다. 그러기 위해 내 몸에 깊이 스며든 인습과 관습을 이겨내고, 무엇보다 그것을 받아들인 내가 그에 대해 책임을 져야 한다. 용기를 소환하자.

그런 의미에서 나는 내 인생의 영감을 따를 것이다. 타인이 나를 반역자로 부르든, 혁명가로 부르든 나는 나 자신을 따를 것이다. 그렇다고 짐승의 길을 걷겠다는 뜻은 아니다. 타인은 타인으로서 존중하되 내 선택을 믿고 나가겠다는 것이다.

영어는 수단이지 인생은 아니다. 다만 오랫동안 함께하다 보니, 영어를 배워나가는 것이 인생과 닮았다고 생각하는 것이다. 내 생각을 영어를 표현하면서 우리말을 더욱 자세히 알아가고 있다. 거기에서 뜻하지 않게 삶의 영감이나 아이디어를 얻기도 한다.

이제 인생의 결정을 스스로 내리듯 혼자서 영어를 공부하기로 결심해보자. 그리고 영어를 초월하여 그 이상의 것을 발견해보자.

혼자 하는 영어, 새로운 인생

끝은 또 다른 시작

2019년 2월 4일, 오전 7시 30분. 인천대교 양 옆으로 바다가 보인다. 일기예보에 따르면 5분 후에 인천에서 해가 뜬다.

　음력 날짜로 내일은 새해이고, 오늘은 연말이다. 캄캄한 연말 새벽부터 서둘렀다. 비행기를 타려면 평소보다 일찍 일어나야 했기 때문이다. 모두가 잠든 시간이라 동네는 조용했고 공항으로 가는 고속도로는 한산했다. 고속도로의 왼쪽은 차들로 가득했다. 평소 자주 보지 못하는 가족들을 보기 위함일 것이다. 도로 위에서 한 1시간 반 정도 지났을 때에는 주변이 검정에서 회색빛으로 바뀌고 있었다. 주변을 인식할 수 있었다.

　점점 밝아지고 있는 주변을 보며 해가 뜨는 모습을 볼 수 있겠다는 생각이 들었다. 일출시간을 검색하고 기다렸다. 태양은 떠오를 준비를 하고, 나는 나름의 철학과 다짐을 되뇌었다.

'해가 뜨기 전의 새벽은 유난히 캄캄하다.'

'나의 낡은 것은 버리고 새롭게 태어나리라.'

해가 떠오르기 5분 전쯤이었다. 갑자기 이런 생각이 들었다. 태양은 가만히 있는데 지구는 그 주변을 돌고, 스스로도 돈다. 쉬지 않고 돈다. 어두워짐과 밝아짐, 따뜻해짐과 추워짐을 반복한다. 그러면 나는?

내 인생이 눈부시게 될 거라는 기대, 나의 일상이 차갑고 건조하다고 느낄 때마다 떠올렸다.

'때가 되면 이루어진다.'

'될 사람은 어떻게 되어도 다 된다.'

그러나 빙글빙글 도는 지구를 보니 어느 부분에서는 마음을 먹어야 했다. 성공과 실패를 지구의 밝은 때와 어두운 때에 빗대어 보니 일정시간이 지나면 지나버린다는 것을. 그리고 이런 생각이 들었다. 준비되지 않은 명(밝음)과 암(어두움)은 어떻게 될 것인가.

매일의 힘

무엇이 중요한지 다시금 되뇌어야 했다. 꾸준함과 생동감이다. 영어를 배우고 가르치면서 그렇게 몸소 체험하지 않았던가. 매일 해내는 힘과 그 끈을 놓지 않는 것에서 커다란 힘이 생겨나는 것을 말이다. 태양 주변을 맴돌면서 지구에 비추어지는 빛의 양만 보고 있었던 것이다. 끊임없이 스스로를 돌리고 태양 주변을 맴도는 지구의 꾸준함을 생각해야 하리라.

내가 나의 목적을 향해 달리든 걷든, 움직이지 않아도 인생의 운이 가득한 날이 있을 것이다. 어떠한 상황에서도 오게 될 나의 눈부신 빛이라면 그냥 지나치게 하지 않을 것이다. 태양광 패널이라도 준비하여 그 빛을 담아둘 것이다. 식물이라도 심어 광합성 작용을 꾀하여 성장을 촉진시킬 것이다. 그리고 준비하고 심는 과정을 온전히 즐기리라.

나에게 영어는 무슨 의미일까. 나는 인생의 경로에서 늘 영어와 함께 해왔다. 시험성적을 위해, 유학을 떠나기 위해, 어느 기업에 제출하기 위해 영어를 공부했었다. 노래하며, 영화를 보며 온전히 푹 빠져 지내기도 했다. 영어를 잘하고 싶었고, 즐기고 싶었다. 내가 알고 있는 것을 알려주고 싶었다.

지금은 그 영어를 통해 인생을 경험하고 있다. 오늘도 나와 함께 하는 선생님들과 내게 영어를 배우고자 하는 학생들과 함께 말이다. 그리고 나의 소중한 가족과 함께.

인천공항 주차장에 도착했을 때 태양은 지평선에서 고개를 내밀고 있었다. 태양 주변을 녹이는 주황색과 맞닿아 있는 밝은 회색의 조화. 대가 없이 맛보는 자연의 신비, 넋을 잃고 바라보았다.

태양을 보는 내내 숙연해졌다. 내 마음의 어둡고 캄캄함은 내가 만들어 낸 결과였다는 것을. 대신 나만의 체험은 누구에게 빠져나가지 않을 것을 생각해보니 온전히 나의 것임을 위로 삼는다. 내 주변이 어둡고 춥다 한들 내 열정에서 뜨거운 빛이 뿜어져 나오는 것이리라.

영어를 영어답게 소리내는 법!
강쌤이 정확하게 알려줍니다!

영어를 영어답게 소리내려면 다음의 3가지를 알고있어야 합니다.

첫 번째는 [발음기호], 두 번째는 '무성음' 알기, 세 번째는 강세, 악센
트입니다.

먼저 두 번째부터 말씀드립니다.

무성음은 도서관에서 '누가 들을까봐' 조심스럽게 내듯이 속삭일 때 나
오는 소리입니다. 공기의 소리가 대부분이기 때문입니다. 밑의 발음기호
표에서 *표시를 해두었습니다.

세 번째는 강세, 악센트입니다.

강세 혹은 악센트는 모음 위에 [`] 혹은 [´]로 표시됩니다. 조금 더 힘
을 주어 말하면 됩니다. 연습할 때는 유난히 세게 연습하세요. 그래야 실
제로 대화할 때 자연스럽게 나올 수 있습니다.

다음은 제일 중요한 [발음기호]입니다. 모르는 단어를 사전에서 찾았을 때 [발음기호]를 보고 정확하게 읽을 줄 알아야 합니다. 정확한 읽기는 정확한 말하기와 듣기, 쓰기를 이끌기 때문입니다. 잘 보고 '눈으로 보자마자' 소리내는 것을 목표로 해보세요.

자음 [발음기호] 28개

– 자음에는 무성음이 있습니다. 영어를 영어답게 소리내려면 무성음이 있다는 것에 유의하세요.

구분 포인트	[발음기호]	소리내는 방법	우리말 참조	연습 단어	팁
입술	[b]	상하입술이 맞닿는 소리	[브]	baby	입술을 감추고 시작
	[p]: 무성음		[프]	peace	
	[m]		[음]	mind	
	[f]: 무성음	윗니와 아랫입술이 스치는 소리	[프]	fine	바람 새는 소리
	[v]		[브]	vase	
	[ʃ]: 무성음	도서관에서 조용히 시킬 때 내는 소리	[쉬]	ship	입술 모으기
	[ʒ]	[ʃ]에서 성대가 울리는 소리	[쥐]	vision	
입술 + 혀	[ʧ]: 무성음	침이 튀는 듯한 소리	[취]	church	
	[dʒ]	[ʧ]에서 성대가 울리는 소리	[쮜]	bridge	
혀	[t]: 무성음	입 천장의 혀를 쳐내는 소리	[트]	time	입 천장 경구개에 혀를 위치
	[d]		[드]	donut	
	[k]: 무성음	혀 뿌리로 목을 살짝 막는 소리	[크]	kid	
	[g]		[그]	go	
	[l]	혀끝을 윗니 안쪽에 대는 소리	[을]	girl	
	[r]	혀를 안쪽으로 말고 내는 소리	[얼]	ring	혀는 입천장에 닿지 않는다
	[n]	혀 끝을 입 천장 경구개에 대는 소리	[은]	net	입 천장 경구개에 혀를 위치
	[θ]: 무성음	위,아랫니 사이에 혀를 놓고 내 는 소리	[쓰]	thing	
	[ð]		[드]	the	

혀	[ŋ]	혀 뿌리를 목에 살짝 막는 소리	[응]	king, sing	
	[s]: 무성음	윗니, 아랫니를 닫고 공기를 내보내는 소리	[스]	ski	
	[z]		[즈]	zero	
	[h]: 무성음	공기가 나가는 소리	[흐]	horse	
이중자음	[ks]: 무성음	[k]와 [s]를 빠르게 내는 소리	[크스]	next	
	[gz]	[g]와 [z]를 빠르게 내는 소리	[그즈]	exam	
반자음 (반모음)	[j]	우리말 [이]로 시작한다	[이]	year	모음과 함께 쓰임
	[w]	우리말 [우]로 시작한다	[워]	world	모음과 함께 쓰임
	[kw]	[k]와 [w]를 빠르게 내는 소리	[쿼]	queen	모음과 함께 쓰임
	[hw]	[h]와 [w]를 빠르게 내는 소리	[휘]	white	모음과 함께 쓰임

[강쌤 혼자영어TV]
– 자음편 – 혼자 하는 영어 공부 [영어를 영어답게]
https://youtu.be/ftOLzNWzpg

모음 [발음기호] 41개

– 단모음 [ə]를 제외하고, 모든 모음에는 강세, 액센트가 있습니다. 강세로 인해 문장의 높낮이가 결정되므로 유의하여 읽어야 합니다.

구분	[발음기호]	소리내는 방법	연습할 단어	유의하기
단모음	[i]	입술을 거의 벌리지 않은 우리말[이]를 소리냄 (약한 [에]에 가까움)	pin	
	[e]	입을 가볍게 벌리고 우리말[에]를 소리냄	America	[ɛ]와 같은 소리 이중모음일 때만 [ɛ]로 표기
	[ɑ]	입을 크게 벌리고 우리말[아]를 소리냄	honest	
	[æ]	입을 크게 벌리고 우리말[애]를 소리냄	apple	
	[ʌ]	우리말[어]를 짧고 강하게 내는 소리	bus	
	[ə]	약하게 우리말[어]를 소리냄	America	단모음일 때 강세가 없음
	[ɔ]	우리말[어]를 콧소리로 냄	boy	
	[u]	우리말[으]	book	
장모음	[i:]	우리말[이]	teach	[:]은 살짝 길게
	[ə:]	우리말[어]를 약하게	perfect	장모음일 때 강세가 올 수 있음
	[ɑ:]	우리말[아]	doctor	
	[u:]	우리말[우]	tooth	
이중모음	[ai]	우리말[아이]	time	이중모음에서는 앞에 오는 모음을 세게 소리냄
	[ɛi]	우리말[에이]	say	
	[ɔi]	우리말[어이]	toy	

이중모음	[au]	우리말[아으]	hour	이중모음에서는 앞에 오는 모음을 세게 소리냄
	[ou]	우리말[오으]	go	
	[iə]	우리말[이어]	ear	
	[uə]	우리말[으어]	tour	
	[ɛə]	우리말[에어]	air	
	[aiə]	우리말[아이어]	fire	
	[auə]	우리말[아으어]	our	
반모음 (=반자음) 강세는 뒤쪽 즉, 모음에 있다	[jɑ]	우리말[이+아]	yard	우리말[이]로 시작한다
	[je]	우리말[이+에]	yes	
	[ji]	우리말[이+이]	year	
	[jɔ:]	우리말[이+콧소리 어]	yawn	
	[ju:]	우리말[이+우]	you	
	[jæ]	우리말[이+애]	yak	
	[jʌ]	우리말[이+어]	young	
	[jə]	우리말[이+약하게 어]	onion	
	[wɑ]	우리말[우+아]	wash	우리말[우]로 시작한다
	[we]	우리말[우+에]	west	
	[wi]	우리말[우+이]	win	
	[wɔ:]	우리말[우+콧소리 어]	war	
	[wu]	우리말[우+으]	wood	
	[wæ]	우리말[우+애]	wag	
	[wʌ]	우리말[우+어]	wonder	
	[wə]	우리말[우+어]	work	
	[wei]	우리말[우+에이]	waste	
	[wai]	우리말[우+아이]	wife	

[강쌤 혼자영어TV]
– 모음편 – 혼자 하는 영어 공부 [영어를 영어답게]
https://youtu.be/DHaSFdEWsWU